Für
Eduard Goldmann und
Walter Androschin

Wir werden euch niemals vergessen!

Nationalfonds der Republik Österreich
für Opfer des Nationalsozialismus

WIDERSTAND IN SALZBURG
1941

Das Projektteam bedankt sich außerordentlich
bei Herrn Mattias Feldner für das Lektorieren der Texte.

IMPRESSUM:
Herausgeber, für den Inhalt verantwortlich:
Bund Sozialdemokratischer FreiheitskämpferInnen Salzburg / Renner-Institut Salzburg
Gestaltung: Kreativbüro Zenz
Herstellung und Verlag: BoD - Books on Demand, Norderstedt
ISBN 978-3-7357-9088-0

Inhalt

Inhalt

Inhalt

Inhalt

Mutiger Widerstand gegen Unrechtssystem

Als heute über 40-jähriger bin ich in großer Sicherheit und weit entfernt vom Nationalsozialismus aufgewachsen. Ich kann nicht beurteilen, ja nicht einmal erahnen, welche Angst und welche Qualen Menschen ausgestanden haben, um den Mut zu fassen, sich zu wehren. Ich kann auch niemanden verurteilen, der diesen Widerstand nicht geleistet hat – ja ich weiß nicht einmal, ob ich selbst den Mut dazu gehabt hätte. Was ich aber weiß ist, dass ich mich nur durch diese Menschen in eine Tradition einreihen kann, in der Toleranz, Offenheit, Gerechtigkeit und Solidarität nicht nur theoretische Werte sind, sondern auch einen realen Wert haben.

Aber diese Werte sind es auch, die immer wieder und allzu leicht in Frage gestellt werden. Im Windschatten der Diffamierung, der Polarisierung und der Pauschalierung und der Vereinfachung verstehen es Rechtsextremisten, Neonazis und Rechtsparteien, genau an den Grundwerten zu rütteln, für die vor mehr als 60 Jahren manche Menschen ihr Leben verloren haben. Und sie sind dabei nicht Gespenster aus der Vergangenheit, sondern ein erschreckend realer Teil unserer Gegenwart.

Hetze gegen Minderheiten – Verleumdung von Menschengruppen – auch im Jahr 2012 leider noch eine Realität in Österreich und in Europa. Die jüngsten Vorfälle in Ungarn, wo rechtsradikale Gruppierungen durch Dörfer ziehen und Angst und Schrecken unter den Roma verbreiten, zeigen wie wichtig es auch heute noch ist, vor faschistischen und autoritären Gefahren zu warnen. Jene Menschen, die aus ihren Dörfern vertrieben oder auf Grund ihrer Volkszugehörigkeit diskriminiert werden, sind auch bei uns teilweise einem Verhalten ausgesetzt, das einer aufgeklärten Gesellschaft nicht würdig ist.

Demokratie und gelebte Menschenrechte sind keine Selbstverständlichkeit – Demokratie braucht interessierte und engagierte BürgerInnen, die diese mit gestalten und verteidigen. Es braucht deshalb nach wie vor starkes Engagement der Politik gegen Rechtsextremismus, Totalitarismus, Minderheitenfeindlichkeit und Ausgrenzung. 67 Jahre nach der Befreiung des Konzentrationslagers Mauthausen müssen wir aufgeklärte DemokratInnen gemeinsam wachsam sein, dass die Verhetzungs-Methoden der Vergangenheit nicht auf neue Gruppe übertragen werden. Damit der Wahnsinn des Nationalsozialismus nicht in Vergessenheit gerät, ist es wichtig, der Opfer des Faschismus zu gedenken. Wir möchten in Erinnerung rufen, dass es noch vielerlei Anstrengung bedarf, um die Schicksale der unzähligen Ermordeten aufarbeiten zu können.

In dieser Zeit, in der Zivilcourage und Mitgefühl scheinbar ausgelöscht waren, gab es dennoch Menschen, die sich dem Unrechtssystem der NationalsozialistInnen mutig widersetzten. In Kooperation mit dem Renner-Institut Salzburg wurde daher von den Salzburger FreiheitskämpferInnen das Forschungsprojekt „Widerstand in Salzburg 1941" konzipiert. Dabei wird versucht, die Widerstandsaktivitäten des Jahres 1941 gegen das NS-Regime in Salzburg zu rekonstruieren. Anhand von 20 Einzelschicksalen werden in diesem Buch Motive, Motivationen und Konsequenzen der NS-GegnerInnen beschrieben.

Am Beispiel des Eisenbahners Andreas Kronewitter aus Zell am See ist die Absurdität des NS-Terrorregimes klar ersichtlich: Dieser wurde 1944 wegen „Wehrkraftzersetzung" zum Tode verurteilt und hingerichtet, weil er in einem Brief seinem Sohn „Tipps" gab, wie dieser im Feld überleben kann. Im Urteil des Volksgerichtshofs vom 21. Juni 1944 heißt es wörtlich:
„Der Angeklagte Andreas Kronewitter hat seinen im Feld stehenden Sohn aufgefordert, sich vom Einsatz zurückzuhalten, der Versuch zu machen in rückwärtige Kommandostellen zu gelangen und sich nach Möglichkeit Urlaub zu verschaffen. Der wird deshalb wegen Wehrkraftzersetzung zum Tode verurteilt."

Der Fall Andreas Kronewitter ist einer von Millionen Einzelbeweisen für die Brutalität und Menschenverachtung im NS-Regime. Gerade anhand solcher Schicksale wird auf erschreckende Weise nachvollziehbar, wie der NS-Terror gearbeitet hat. Die Erinnerung daran wach zu halten, ist unsere Verpflichtung.

LH-Stellv. a.D. Mag. David Brenner
Salzburg, September 2013

Vorsitzender des Bundes Sozialdemokratischer FreiheitskämpferInnen Salzburg

Ein Werk gegen das Vergessen

Ich bin seit 2009 Mitglied des Kuratoriums des Nationalfonds und des Entschädigungsfonds der Republik Österreich für die Opfer des Nationalsozialismus. Es ist für mich eine große Ehre die sozialdemokratische Parlamentsfraktion im Nationalfonds und im Entschädigungsfonds der Republik Österreich für die Opfer des Nationalsozialismus zu vertreten. Seit Jahrzenten beschäftige ich mich auch persönlich intensiv mit der Vergangenheit des Nationalsozialistischen Terrorregimes. Mein Hauptaugenmerk liegt dabei auf den Verbrechen der 1. Gebirgsdivision, der sogenannten Garde Division Hitlers, in Griechenland (Massaker von Kefalonia) und auf den Wehrmachtskriegsverbrechen auf dem Balkan.

Als Kuratoriumsmitglied lernte ich seit 2009 sehr viele interessante und unterschiedliche Projekte aus den verschiedenen Bundesländern kennen. Leider war die Beteiligung meines eigenen Heimatbundeslandes Salzburg eher überschaubar. Am 1. November 2010, nach der konstituierenden Sitzung der Salzburger FreiheitskämpferInnen, sprach ich mit Dr. Neunherz und Mag. Scheiber über Salzburger WiderstandskämpferInnen. In diesem Gespräch sprachen wir auch über meine Tätigkeit als Kuratoriumsmitglied im Nationalfonds und des Entschädigungsfonds der Republik Österreich für die Opfer des Nationalsozialismus. In weiteren Treffen und Gesprächen mit Dr. Neunherz und Mag. Scheiber entstand die Idee für das nun vorliegende Projekt. Der Nationalfonds und der Entschädigungsfonds bringen meiner Meinung nach den veränderten Umgang Österreichs mit der nationalsozialistischen Vergangenheit zum Ausdruck.

Es darf nie vergessen werden, dass auch zahlreiche Menschen aus Österreich an Verbrechen der Nationalsozialisten beteiligt waren und die Auseinandersetzung mit der nationalsozialistischen Vergangenheit ein langer und oft schwieriger Weg war. Die Rede des früheren Bundeskanzlers Franz Vranitzky 1993 in Jerusalem hat in diesem Sinne einen Wendepunkt markiert und auf die besondere Verantwortung der Republik gegenüber den Opfern des Nationalsozialismus hingewiesen.

Das Gedächtnis ist eine mächtige Kraft, um die Lehren aus der Vergangenheit zu sichern. Die Geschichten der Lebenden ebenso wie jene der Toten verdienen es, bewahrt zu werden. Sicherzustellen ist, dass die Lehren aus den Verbrechen der Nationalsozialisten nicht mit dem Tod der Opfer langsam verschwinden. Dies stellt daher einen wichtigen Teil der Verantwortung Österreichs dar.

Nach langer und intensiver Arbeit freut es mich daher sehr, dass nun die Studie der Salzburger FreiheitskämpferInnen über die Salzburger Widerstandskämpfer-Innen des Jahres 1941 vorliegt und dieses Werk ihren Teil gegen das Vergessen und für die Aufarbeitung beiträgt.

Mag. Johann Maier
Salzburg, September 2013

Abgeordneter zum Nationalrat. Kuratoriumsmitglied des Nationalfonds und des Entschädigungsfonds der Republik Österreich für die Opfer des National-sozialismus.

Einzelschicksale des Widerstands im Blickpunkt

Die Organisation des Widerstandes in Österreich war nach dem Anschluss an Hitlerdeutschland mit zahlreichen Schwierigkeiten konfrontiert. Die sofort anlaufenden Verfolgungsmaßnahmen, die Flucht tausender NS-GegnerInnen und die pronazistische Stimmung großer Bevölkerungsteile sind nur einige der Gründe dafür.[1]

Illegale Widerstandsorganisationen konnten sich so erst einige Monate nach der Machtergreifung der Nazis formieren, bewaffnete Gruppen erst ab dem Jahr 1942.

Bis zum heutigen Tag gibt es eine Fülle an Autobiografien über WiderstandskämpferInnen und zahlreiche weiterführende Forschungsarbeiten zum Thema. Weniger Aufmerksamkeit wurde bisher jedoch den einzelnen Bundesländern gewidmet. Dies ist insofern bedauerlich, da die regionale Fragmentierung der politischen Kulturen in Österreich auch für die NS-Zeit eine nicht zu unterschätzende Gewichtung regionaler Einflussfaktoren nahe legt. Das Verhältnis zwischen nationaler und regionaler Geschichte ist daher von immenser Relevanz, will man die NS-Herrschaft in ihrem ganzen Ausmaß analysieren.[2]

Das Forschungsprojekt „Widerstand in Salzburg 1941", welches von den Salzburger FreiheitskämpferInnen in Kooperation mit dem Renner-Institut Salzburg durchgeführt wurde, versucht daher die Widerstandsaktivitäten des Jahres 1941 gegen das NS-Regime speziell für Salzburg zu rekonstruieren.

Anhand von Einzelschicksalen, wie etwa jenem von Eduard Goldmann (langjähriger Vorsitzender der Salzburger FreiheitskämpferInnen), sollen Motive, Motivationen und Konsequenzen der NS-GegnerInnen aus Salzburger Sicht beschrieben werden.

Ich darf abschließend noch die Gelegenheit nutzen, mich an dieser Stelle bei all jenen zu bedanken, die maßgeblich für das Gelingen dieser Publikation verantwortlich waren.

Mag. Dr. Alexander Neunherz
Salzburg, September 2013

Landesleiter Renner-Institut Salzburg
Landessekretär FreiheitskämpferInnen Salzburg

1 Neugebauer, Wolfgang (2005). Widerstand in Österreich – Ein Überblick. Referat im Rahmen der Tagung „Widerstand in Österreich 1938-1945" im Parlament, Wien, 19. Jänner 2005.
2 Claasen, Birte/Köhler, Nils/Lehmann, Sebastian (2002). „Nationalsozialismus in der Region". Tagungsbericht anlässlich der Konferenz des Instituts für Schleswig-Holsteinische Zeit- und Regionalgeschichte am 8./9. November 2002 in Schleswig aus Anlass seines 10jährigen Bestehens.

Ein Teil der Geschichte des Bundeslandes Salzburg

Bevor die durchgeführte Studie wissenschaftlich ausgewertet wird, möchte ich erläutern, was im Rahmen des vorliegenden Projektes unter Widerstand verstanden wurde, wie die Zusammenstellung der ausgesuchten Personen funktionierte und ab wann bestimmte biografische Informationen Eingang in den Text gefunden haben.

Für die vorliegende Studie wurde ein Zitat des deutschen Historikers Klaus Schönhoven zum Vorbild genommen, der Widerstand wie folgt definiert: „Widerstand ist eine Provokation, welche die Toleranzschwelle des (nationalsozialistischen) Regimes unter den jeweils gegebenen Umständen bewusst überschreitet mit einer Handlungsperspektive, die auf eine Schädigung oder Liquidation des Herrschaftssystems abzielt."

Als Widerstand im Allgemeinen wurden also all jene Handlungen (von Einzelpersonen oder Gruppen) in Betracht gezogen, die gegen das nationalsozialistische Regime gerichtet waren.

Als Primärquelle dienten Archivalien des mittlerweile aufgelösten „Karl-Steinocher-Fonds". Im Zuge der Auflösungsarbeiten stieß ich auf verschiedenstes Quellenmaterial, das Eingang in dieses Projekt gefunden hat. Der überwiegende Teil des Quellenmaterials sind Anträge der Opferfürsorge, die nach dem Zweiten Weltkrieg in den Jahren 1946 bis 1953 gestellt wurden. Ergänzt wurden die Opferfürsorgeanträge mit originalen Gerichtsprotokollen über einzelne Strafverfahren, Polizeimeldungen, Steckbriefen sowie Zeitzeugeninterviews mit lebenden Nachkommen ausgewählter WiderstandskämpferInnen. Aus dem Quellenmaterial im ehemaligen Steinocher-Fonds wurden fünfzig Opfer des NS-Regimes ausgesucht, die 1941 Repressalien, Verfolgung sowie Terror ausgesetzt waren.

Dieses Projekt versteht sich ebenfalls als Erinnerungsprojekt „70 Jahre Russlandfeldzug" und beschäftigt sich deshalb primär mit dem Jahr 1941. Jeder Einzelne und jede Einzelne der fünfzig Opfer wurden im Jahr 1941 verhaftet, enthaftet, vorgeladen, verhört, verurteilt oder deportiert. Trotz zum Teil sehr unterschiedlicher Herkunft verband alle fünfzig untersuchten Opfer eine Gemeinsamkeit. Alle ließen sich nach dem erlebten Schrecken des Zweiten Weltkriegs im Bundesland Salzburg nieder und wurden SalzburgerInnen und somit ein Teil der Geschichte dieses Bundeslandes.

Bevor jedes Einzelschicksal beschrieben wurde, wurde ein kurzer Steckbrief verfasst, um die wichtigsten biografischen Daten einer Person anzuführen. Ich habe mich dazu entschlossen, dabei den biografischen Stand beim Zeitpunkt der Verhaftung, Enthaftung, Verhör, Verurteilung sowie Deportation zu verwenden. In einzelnen Fällen änderte sich der Steckbrief, etwa aufgrund der Geburt eines Kindes, geringfügig. Diese Änderungen wurden in den betreffenden Einzelschicksalen mit kursiver Schrift gekennzeichnet.

Mag. Mario Scheiber
Salzburg, September 2013

Einleitung

Mag. Roland Streubel

I

Österreich in der Zwischenkriegszeit unter besonderer Berücksichtigung Salzburgs

Im letzten Drittel des Jahres 1918 zeichnete sich neben der militärischen Nieder-lage der Mittelmächte auch schon der staatliche Zusammenbruch von Öster-reich-Ungarn ab. Am 12. November 1918 wurde die Republik Deutschösterreich ausgerufen, einen Tag zuvor hatte Karl I. als Kaiser von Österreich abgedankt. Die Habsburgermonarchie hatte vor ihrem Zusammenbruch gut 52 Millionen Einwohner. Im Krieg hatte sie mindestens 1,2 Millionen tote Soldaten zu bekla-gen, wobei nicht alle auf dem Schlachtfeld starben, sondern viele auch in Kriegs-gefangenschaft, über 3,5 Millionen Soldaten wurden verletzt oder galten als ver-misst. In den letzten Monaten des Krieges waren weite Teile der Bevölkerung von Hungerkrisen betroffen. So kam es im September 1918 in der Stadt Salz-burg zu einem großen „Hungerkrawall", der mit der Plünderung vieler Geschäfte endete. Für 908 Personen hatte dies ein gerichtliches Nachspiel, 69 Prozent der Angeklagten waren Frauen. Im Vertrag von Saint-Germain vom 10. September 1919 wurde dann die Auflösung der österreichischen Reichshälfte der Monarchie endgültig geregelt. Österreich hatte beträchtliche Gebietsverluste hinzunehmen, musste die neu entstandenen Staaten anerkennen und der Name „Deutschöster-reich" sowie der Anschluss an Deutschland wurden verboten. Der Name lautete nun Republik Österreich. Bereits am 11. Mai 1919 fand in Vorarlberg eine Volks-abstimmung zur Einleitung von Verhandlungen über den Beitritt des Landes zur Schweiz statt. Es stimmten 80 Prozent der an der Abstimmung teilnehmenden Vorarlberger dafür. Ähnliche Abstimmungen gab es 1921 in Salzburg und Tirol, allerdings ging es bei diesen Bundesländern um den Anschluss an Deutschland.

Beide Abstimmungen gingen sehr deutlich für einen Anschluss an Deutschland aus. In Salzburg gaben 73 Prozent der Abstimmungsberechtigten ihre Stimme ab, über 90.000 Stimmen waren für den Anschluss, weniger als 1000 dagegen. Im Jänner 1921 wurde das Burgenland per Verfassungsgesetz als gleichberechtigtes Bundesland in die Republik Österreich aufgenommen. Und obwohl im Friedensvertrag von Saint-Germain Österreich zugesagt, konnte es erst nach Kämpfen gegen ungarische Freischärler in Besitz genommen werden. Die Verwaltungsmetropole Ödenburg/Sopron samt Umland ging allerdings in einer umstrittenen Volksabstimmung an Ungarn. In Kärnten tobte bereits seit Ende des Jahres 1918 der sogenannte Abwehrkampf, anfangs gegen slowenische Freischärler und dann gegen die offizielle jugoslawische Armee, die im Juni 1919 Klagenfurt besetzte. Dieser Kärntner Abwehrkampf und seine Nachwirkungen beschäftigen Österreich ja bis in seine Gegenwart, und zwar in Form der „Kärntner Ortstafelfrage".

Neben den Problemen mit den Nachbarn im Osten und im Süden hatte die junge Republik Österreich, die ja ohnehin von einem Großteil ihrer Bevölkerung selbst als nicht lebensfähig betrachtet wurde, auch mit großen wirtschaftlichen Problemen zu kämpfen. So war die österreichische Krone ab 1921 von einer immer stärker werdenden Inflation betroffen, die in eine Hyperinflation mündete. Man erinnere sich an die Bilder, auf denen Menschen mit Schubkarren oder Leiterwagen ihr Geld transportierten, um sich Brot und Butter zu kaufen. Mit der Einführung des Schillings am 1. Jänner 1925 verloren zwar viele Menschen ihre gesamten Ersparnisse, aber trotzdem entspannte sich die wirtschaftliche Lage kurzzeitig. Dafür nahmen in der zweiten Hälfte der 1920er-Jahre die Spannungen zwischen linken Gruppierungen wie etwa den Sozialdemokraten und Kommunisten auf der einen Seite und rechtskonservativen bis hin zu rechtsnationalistischen Gruppierungen auf der anderen Seite zu. Bereits 1920 waren die ersten anfangs überparteilichen, später dann rechtsgerichteten Heimwehren entstanden, und im Jahr 1923 entstand der Republikanische Schutzbund.[1]

Wenden wir den Blick kurz Stadt und Land Salzburg zu. Eine Volkszählung im Jänner 1920 ergab für das Land Salzburg nicht ganz 215.000 Einwohner und für die Stadt gut 36.500 Einwohner. Am 22. August desselben Jahres begannen

---

1 Vgl. dazu Brettenthaler, Josef, Salzburgs SynChronik. Eine gleichlaufende Darstellung historischer Ereignisse und Daten der Stadt und des Landes Salzburg in Beziehung gesetzt zur Geschichte Österreichs, des deutschen Raumes und der Welt, Salzburg 1987, S. 218–223.

die ersten Salzburger Festspiele mit dem „Jedermann". Auf dem Land führten viele Gemeinden ab 1921 im Zeichen der fortschreitenden Geldentwertung ein Notgeld ein. Aus den Landtagswahlen 1922 ging der christlichsoziale Dr. Franz Rehrl als Landeshauptmann hervor, er behielt seine Position bis ins Jahr 1938. Im selben Jahr wurde der Grundstein zum Bau eines danach nie ausgeführten Festspielhauses im Park von Hellbrunn gelegt. Ebenso gab es unverwirklichte Pläne für den Bau eines Festspielhauses auf dem Mönchsberg. Im Jahr 1923, nach dem missglückten Putschversuch Hitlers in München, gingen einige Putschisten, die später zu führenden Nazis wurden, wie zum Beispiel Ernst Röhm, für mehrere Jahre nach Salzburg ins Exil. So entstand in Salzburg der Vaterländische Schutzbund, eine Vorläuferorganisation der späteren SA. Durch den Umbau der Hofstall-Kaserne von 1924 auf 1925 unter dem Architekten Eduard Hütter entstand Salzburgs erstes Festspielhaus, das heutige Kleine Festspielhaus, das 1926 vom bekannten Architekten Clemens Holzmeister neuerlich umgebaut wurde. Ebenfalls 1926 wurde in der Gstättengasse im Gasthof Zur Sonne eine Ortsgruppe der NSDAP gegründet. 1927 wurden in der Stadt erstmals Autobusse als öffentliche Verkehrsmittel eingesetzt und auf dem früheren Exerzierfeld in Maxglan-Himmelreich entstand Salzburgs erster Flughafen. Im Jahr 1928 wurde im Central-Kino der erste Tonfilm gezeigt. Im selben Jahr wurde die Zahnradbahn auf den Gaisberg eingestellt und ein Jahr darauf fand auf der neuen Gaisbergstraße ein erstes Automobilrennen statt.[2]

Aber zurück zur gesamtösterreichischen Entwicklung in der zweiten Hälfte der 1920er-Jahre unter besonderer Berücksichtigung der innenpolitischen Entwicklung. Der erste Kanzler der Ersten Republik war der Sozialdemokrat Karl Renner. Von Ende Oktober 1918 bis Oktober 1920 amtierte eine Koalitionsregierung aus Christlichsozialen und Sozialdemokraten. Diese wurde dann von Koalitionsregierungen aus Christlichsozialen, Großdeutschen und Landbund abgelöst. Die wohl prägendsten Kanzler der 1920er-Jahre waren der Theologe Ignaz Seipel und Johann Schober, der seit 1918 auch Polizeipräsident von Wien war.[3]
Als Seipel im November 1924 erstmals als Bundeskanzler zurücktrat, schien die Stabilisierung von Staat und Wirtschaft weitgehend geschafft. Der Schilling wurde zum Sinnbild der wirtschaftlichen Konsolidierung. Als Seipel im Okto-

---

2 Vgl. dazu Brettenthaler, Salzburgs SynChronik, S. 222–229.
3 Im Anhang findet sich eine Liste mit den Staats- und Bundeskanzlern der Ersten Republik sowie den Nationalratswahlergebnissen zwischen 1919 und 1930.

ber 1926 erneut Kanzler wurde, war dies gerade zu einer Zeit, in der die Formulierung der Parteiprogramme von Sozialdemokraten und Christlichsozialen stattfanden. Das Linzer Programm der Sozialdemokraten mit den Schlagwörtern von der „Diktatur des Proletariates" und der „Volksdemokratie" versetzte die Bürgerlichen und Nationalen in Angst und Schrecken. Das christlichsoziale Programm mit den Schlagworten von der „wahren Demokratie" und der „Demokratie der Tat" lief auf diktatorische Vollmachten hinaus. In einem Punkt des christlichsozialen Programms spiegelte sich die antisemitische Dimension der „Erben Luegers", des früheren Wiener Bürgermeisters, wider. Im VIII. Punkt des Programms hieß es:
„Als national gesinnte Partei fordert die christlichsoziale Partei die Pflege deutscher Art und bekämpft die Übermacht des zersetzenden jüdischen Einflusses auf geistigem und wirtschaftlichem Gebiet [...]."

In den folgenden Jahren schaukelten sich die Gegensätze zwischen den politischen Lagern immer weiter hoch. Die paramilitärischen Verbände wurden ausgebaut, der Republikanische Schutzbund der Sozialdemokraten, die Heimatschutz- und Heimwehrverbände, die es mittlerweile in allen Bundesländern gab, aber auch schon Marschformationen und Saalschutzstaffeln der Nationalsozialisten. Politische Kundgebungen und Aufmärsche standen damals an der Tagesordnung. Einen vorläufigen Höhepunkt erreichten die Spannungen am 15. Juli 1927, als eine aufgebrachte Menge den Justizpalast stürmte und in Brand setzte. Die Polizei erhielt daraufhin die Erlaubnis, von der Schusswaffe Gebrauch zu machen. Die Bilanz waren 89 Tote aufseiten der Demonstranten, fünf getötete Polizisten und viele Hundert Verletzte. Dem Justizpalastbrand vorausgegangen waren die Schüsse von Schattendorf, wo Ende Jänner 1927 von Mitgliedern einer Frontkämpfervereinigung das Feuer auf Mitglieder des Schutzbundes eröffnet wurde, es gab zwei Tote, einen Kriegsinvaliden und ein Kind. Als die Täter dann am 14. Juli mit einem äußerst milden Urteil davonkamen, sah das „Rote Wien" im wahrsten Sinne des Wortes rot. Das Ergebnis war, dass das gegenseitige Misstrauen und der gegenseitige Hass immer größer wurden. Genährt wurden die innenpolitischen Spannungen dann auch noch vom Ausbruch der Weltwirtschaftskrise im Oktober 1929.[4]

---

4 Vgl. dazu Sandgruber, Roman, Illustrierte Geschichte Österreichs, Wien 2001, S. 240 f.

Es war eine Zeit der Unruhen, der drohende Ausbruch eines Bürgerkrieges lag mehrmals in der Luft. Mit der Verfassungsreform von 1929 wurde das Amt des Bundespräsidenten auf Kosten des Parlaments aufgewertet, der Kanzler wurde nicht mehr vom Parlament gewählt, sondern vom Bundespräsidenten ernannt. Im Februar 1930 wurde ein Freundschaftsvertrag mit Italien geschlossen, der die faschistischen Einflüsse auch innenpolitisch, besonders in Form einiger Heimwehrführer, verstärkte. Das beste Beispiel dafür war wohl der Korneuburger Eid – oder auch Korneuburger Gelöbnis. Am 18. Mai 1930 verlas der Bundesführer der Heimwehr, Richard Steidle, eine Erklärung, in der die Heimwehren ganz eindeutig der Demokratie abschworen[5], was dann unter anderem auch dem undemokratischen, diktatorischen Ständestaat den Weg ebnen sollte. Bei den Wahlen im November 1930 wurden die Sozialdemokraten stärkste Partei, Bundeskanzler wurde aber der christlichsoziale Otto Ender, vormals Landeshauptmann von Vorarlberg, sein Vizekanzler wurde Schober, der bereits insgesamt drei Mal Bundeskanzler gewesen war.[6] Im Jahr 1931 verschärfte sich die wirtschaftliche Lage noch einmal erheblich, einerseits musste die Creditanstalt als größte Bank des Landes ihre Zahlungsunfähigkeit erklären und andererseits scheiterte ein deutsch-österreichisches Zollunionsprojekt, von dem sich die österreichische Wirtschaft viel versprochen hatte, am Einspruch Frankreichs, Italiens und der Tschechoslowakei. Die Arbeitslosigkeit stieg stark an und erreichte im Februar 1933 mit über 500.000 Arbeitslosen ihren Höchststand. Als eine Art letzten Rettungsversuch, um einen Bürgerkrieg zu vermeiden, gab Bundespräsident Wilhelm Miklas den Auftrag an Seipel, eine Konzentrationsregierung mit den Sozialdemokraten zu bilden, was aber nicht gelang, weil das gegenseitige Misstrauen zu diesem Zeitpunkt bereits zu groß war. So wurde im Juni 1931 der christlichsoziale Landeshauptmann von Niederösterreich, Karl Buresch, Bundeskanzler. Im September kam es zu einem Putschversuch gegen die Regierung, der aber rasch und kläglich scheiterte. Geführt wurde dieser Putsch vom stark deutschnational orientierten steirischen Heimwehrführer Walter Pfrimer. Im Dezember 1931 stand Pfrimer mit sieben Mitangeklagten in Graz vor Gericht, trotz der eindeutigen Beweise wurden alle freigesprochen. Bis heute sind die Verwicklungen von Polizei, Bundesheer und Teilen der Politik in diesen Putsch nicht wirklich einwandfrei aufgeklärt.[7]

---

5 Einer der Teilnehmer, der den Eid leistete, war der damalige Heimwehrführer von Niederösterreich und spätere Bundeskanzler Julius Raab
6 Vgl. dazu DER GROSSE PLOETZ. Die Daten-Enzyklopädie der Weltgeschichte, 33. Auflage, Köln 1998, S. 911.
7 Vgl. dazu Sandgruber, Illustrierte Geschichte Österreichs, S. 241.

Und obwohl es sowohl in der Sozialdemokratie wie unter den Christlichsozialen noch Warnungen vor einer weiteren Verschärfung des politischen Klimas gab, ging die Radikalisierung weiter. Bei den Landtagswahlen im April 1932 in Wien, Salzburg und Niederösterreich erzielten die Nationalsozialisten erstmals bedeutende Erfolge. Im Mai 1932 bildete der bisherige Landwirtschaftsminister, Engelbert Dollfuß, eine bis heute heftig umstrittene Persönlichkeit, eine deutlich rechtsgerichtete Regierung, bestehend aus den Christlichsozialen, dem Landbund und dem Heimatblock, dem politischen Arm der Heimwehr. Dollfuß verfolgte, sicherlich auch als Reaktion auf die Machtergreifung Hitlers in Deutschland, einen scharfen rechts-autoritären Kurs. Die Selbstausschaltung des Parlaments kam ihm dabei sehr entgegen. Eine am 4. März 1933 patt ausgegangene Abstimmung über die Eisenbahnergehälter und taktisch bedingte Rücktritte der drei Parlamentspräsidenten nutzte er, um die „Selbstausschaltung des Parlaments" zu verkünden. Ein erneutes Zusammenkommen der Parlamentarier am 15. März verhinderte dann die Polizei, die das Parlamentsgebäude umstellt hatte. Dollfuß nützte dann das kriegswirtschaftliche Ermächtigungsgesetz von 1917 dazu, um ohne das Parlament zu regieren. Am 7. März 1933 erließ der Ministerrat ein Versammlungs- und Aufmarschverbot und führte die Zensur für österreichische Zeitungen wieder ein. Am 11. September 1933 hielt er eine Rede auf dem Wiener Trabrennplatz, in der er das Konzept eines autoritären, berufsständisch durchorganisierten Staates vorstellte. In der Rede wurde auch mehrmals das Deutschtum der österreichischen Bürger hervorgehoben. Nachfolgend soll ein kurzer Ausschnitt aus seiner Rede zitiert werden.[8]

„[...] Ich wiederhole: Die Zeit des kapitalistischen Systems, die Zeit kapitalistisch-liberalistischer Wirtschaftsordnung ist vorüber, die Zeit marxistischer, materialistischer Volksverführung ist gewesen! Die Zeit der Parteienherrschaft ist vorbei! Wir lehnen Gleichschalterei und Terror ab, wir wollen den sozialen, christlichen, deutschen Staat Österreich auf ständischer Grundlage, unter starker, autoritärer Führung! Autorität heißt nicht Willkür, Autorität heißt geordnete Macht, heißt Führung durch verantwortungsbewusste, selbstlose, opferbereite Männer [...]"[9]

Bereits Ende März 1933 war der Schutzbund per Ministerbeschluss aufgelöst worden. Am 20. Mai wurde von Dollfuß die Vaterländische Front gegründet.

---

8 Vgl. dazu Rauscher, Hans, Hg., Das Buch Österreich. Die wichtigsten Texte über unser Land, Wien 2005, S. 354.
9 Dollfuß zit. nach Rauscher., Das Buch Österreich., S. 355.

Sie sollte auf Dauer alle politischen Parteien ersetzen und war als eine ständestaatlich orientierte Sammelbewegung gedacht. Am 26. Mai wurde die Kommunistische Partei verboten und am 19. Juni auch die Nationalsozialistische Partei, deren Anhänger in den Monaten zuvor beträchtliche Unruhe gestiftet hatten. Als Schutz vor Deutschland suchte die Regierung Dollfuß eine weitere Annäherung an Italien.[10]

Am 12. Februar 1934 entluden sich die Spannungen zwischen den Sozialdemokraten und der Regierung. Infolge einer Hausdurchsuchung nach Waffen im Hotel Schiff, einem Parteiheim der Sozialdemokraten in Linz, kam es zu bewaffneten Auseinandersetzungen zwischen dem Schutzbund auf der einen Seite und der Polizei, dem Bundesheer und den Heimwehren auf der anderen Seite. Neben Wien und Linz gab es auch in den österreichischen Industriegebieten schwere Kämpfe. Der Bürgerkrieg dauerte drei Tage und endete mit einer relativ raschen Niederlage der Sozialdemokraten, deren Führung auf die Ereignisse nur sehr schlecht vorbereitet war und deren Spitze sich teilweise ins Ausland absetzte. Insgesamt waren mehr als 1000 Todesopfer zu beklagen, darunter auch etliche Zivilisten in den Wiener Gemeindebauten. Als Folge des Aufstandes wurden alle sozialdemokratischen Organisationen aufgelöst, die Partei selbst verboten und zahlreiche ihrer Führungspersönlichkeiten in Haft genommen. Neun Todesurteile wurden vollstreckt. Durch die Auflösung bzw. das Verbot aller übrigen Parteien wurde die Vaterländische Front nun alleiniger politischer Willensträger, was durchaus einer Diktatur gleichkam. Am 30. April wurde eine neue Verfassung vom grundsätzlich nicht mehr beschlussfähigen Nationalrat mit den Stimmen der Vaterländischen Front angenommen. Am 1. Mai 1934 trat die autoritäre, ständestaatliche Maiverfassung in Kraft, mit der die Republik zum Bundesstaat umgewandelt wurde, in dem auch die katholische Kirche eine sehr starke Position einnahm.[11] Am 25. Juli 1934 kam es zu einem nationalsozialistischen Putschversuch. Der Putsch selbst konnte zwar rasch niedergeworfen werden, doch wurde Dollfuß selbst das prominenteste Opfer. Er wurde angeschossen und verblutete im Bundeskanzleramt. Am. 26. Juli folgten noch Kämpfe in den Bundesländern, vor allem in der Steiermark und in Kärnten. Aber ein Eingreifen Deutschlands konnte durch eine italienische Truppenkonzentrierung an seinen Grenzen zu Österreich verhindert werden. Es gab etwa 300 Tote. Am 30. Juli wurde der vor-

---

10 Vgl. dazu DER GROSSE PLOETZ, S. 912.
11 Vgl. dazu Sandgruber, Illustrierte Geschichte Österreichs, S. 252.

malige Unterrichtsminister Kurt Schuschnigg zum neuen Bundeskanzler. Sein Vizekanzler wurde der Heimwehrführer Ernst Rüdiger von Starhemberg, der auch die Führung der Vaterländischen Front übernahm. Die Spannungen mit Deutschland blieben bestehen.[12]

Nachdem es im Jahr 1936 zu einer Annäherung zwischen Italien und Deutschland gekommen war, musste auch Österreich einen Weg finden, sich mit Deutschland zu arrangieren. Und so wurde am 11. Juli ein Abkommen zwischen Deutschland und Österreich unterzeichnet, welches vorübergehend die Spannungen beendete. Die 1000-Mark-Sperre vom Mai 1933, die den österreichischen Fremdenverkehr empfindlich getroffen hatte, wurde aufgehoben. Im Gegenzug wurde einigen Tausend österreichischen Nationalsozialisten Amnestie gewährt. Im Oktober 1936 wurden die Heimwehren verboten und ihre Führer politisch ausgeschaltet. Bereits 1937 stiegen die Spannungen mit Deutschland wieder. Der Auslöser war, dass Schuschnigg den in dieser Zeit wachsenden habsburgischen Restaurations-bestrebungen durchaus offen gegenüberstand. Aus einem Treffen mit Mussolini im selben Jahr folgerte Schuschnigg, dass Österreich von Italien keine Hilfe mehr gegen Deutschland zu erwarten hätte. Infolgedessen suchte Schuschnigg die An-näherung an die Kleine Entente, bestehend aus Rumänien, der Tschechoslowakei und Jugoslawien, die von Frankreich und Polen unterstützt wurde. Im Februar 1938 wurde Schuschnigg von Hitler zu einem Treffen auf den Obersalzberg zi-tiert. Unter Androhung eines Einmarschs der Wehrmacht wurde Schuschnigg dazu genötigt, die Aufhebung des NSDAP-Verbots und die Beteiligung der ös-terreichischen Nationalsozialisten an der Regierung zu veranlassen. So wurde der Nationalsozialist Arthur Seyß-Inquart am 18. Februar zum Innenminister Österreichs. Anfang März brachen in Österreich nationalsozialistische Unruhen aus. Um den sich abzeichnenden Anschluss an Deutschland doch noch zu ver-hindern, versuchte Schuschnigg, eine Volksabstimmung

„Für ein freies und deutsches, unabhängiges und soziales,
für ein christliches und einiges Österreich […]"

zu organisieren. Dieser Provokation kam Hitler zuvor, Bundespräsident Miklas wurde durch Drohungen aus Deutschland veranlasst, am Abend des 11. März Arthur Seyß-Inquart zum neuen Bundeskanzler zu bestellen. Parallel dazu

---

12 Vgl. dazu DER GROSSE PLOETZ, S. 912.

begannen NSDAP-Anhänger in den österreichischen Landeshauptstädten die Macht zu übernehmen. Am 12. März ließ Hitler die Wehrmacht in Österreich einmarschieren. Die Soldaten wurden von Teilen der österreichischen Bevölkerung begeistert empfangen. Am 13. März wurde dann der Anschluss Österreichs an das Deutsche Reich proklamiert. Bundespräsident Miklas hatte zwar nie wirklich von der ihm laut Verfassung zustehenden Macht Gebrauch gemacht, als sich in den Jahren zuvor die Republik Österreich in einen diktatorischen Ständestaat verwandelte, aber er konnte sich zumindest der Unterzeichnung des Bundesgesetzes über den Anschluss durch seinen Rücktritt entziehen. Sein Amt ging auf den Bundeskanzler, also Seyß-Inquart, über, der das Gesetz dann unterzeichnete.[13]

Österreich hatte somit am 13. März 1938, nach nicht ganz 20 Jahren, aufgehört, als souveräner Staat zu existieren.

Bevor mit dem zweiten Kapitel über die Ereignisse in Österreich nach dem Anschluss begonnen wird, soll noch ein Überblick über die Entwicklung von Stadt und Land Salzburg in den 1930er-Jahren bis zum Anschluss gegeben werden. Sowohl aus politischer, wirtschaftlicher als auch kultureller und alltagsgeschichtlicher Perspektive. Im Jahr 1930 wurde in Salzburg durch einen Sender auf dem Mönchsberg der Radiosendebetrieb aufgenommen, weiters wurde die Maut für die Überquerung des Mozartstegs abgeschafft.[14] Im selben Jahr starb der berühmte Maler Anton Faistauer, dem Salzburg unter anderem die Fresken im Festspielhaus zu verdanken hat. 1931 wurde das Salzburger Dommuseum gegründet. Die Auswirkungen der Weltwirtschaftskrise waren immer deutlicher zu spüren, so wurde der Kupferbergbau in Mühlbach und bei Bischofshofen eingestellt, ebenso wie die Schmelzanlage in Mitterberghütten, was die Arbeitslosenzahl in dieser Region natürlich rasch steigen ließ. Bei den Landtagswahlen 1932 konnten die Nationalsozialisten erstmals einen großen Erfolg erringen, sie erhielten sechs von 26 Landtagsmandaten, die Christlichsozialen zwölf und die Sozialdemokraten acht. Im Jahr 1933, dem Jahr der Machtergreifung Hitlers in Deutschland, kam es in Stadt und Land Salzburg wiederholt zu Sprengstoffanschlägen und Sabotageaktionen durch die einheimischen Anhänger des Nationalsozialismus. Die Weltwirtschaftskrise erreichte ihren Höhepunkt, allein in der Stadt Salzburg gab es über 13.000 Arbeitslose, was gut einem Drittel der Gesamtbevölkerung

---

13 Vgl. dazu DER GROSSE PLOETZ, S. 911 f.
14 bis 1922 war auch für die Überquerung des Makartsteges eine Maut zu entrichten.

entsprach. Während der sozialdemokratischen Februarrevolte 1934 blieb es in Salzburg bis auf einige kleine unbedeutende lokale Vorkommnisse, zum Beispiel im Raum Hallein, sehr ruhig. Beim nationalsozialistischen Juliputsch kam es in Salzburg unter anderem in Lamprechtshausen, Wals-Siezenheim, Seekirchen und Liefering zu Kämpfen, die insgesamt zehn Todesopfer forderten. Bis September 1934 saßen dann fast 700 Nationalsozialisten in Salzburg in Haft. Ebenfalls im September erfolgte die erste Überquerung des Tauernmassivs mit einem Automobil, und zwar durch den Landeshauptmann Franz Rehrl und den Ingenieur Franz Wallack auf der Route der künftigen Glocknerstraße. Mit diesem Projekt sollte einerseits die Arbeitslosigkeit gesenkt und andererseits der Tourismus angekurbelt werden. Bereits 1935 wurde die gut 50 Kilometer lange Großglockner-Hochalpenstraße eröffnet, im selben Jahr fand das erste Großglockner-Skirennen statt. Die Stadt Salzburg wuchs 1935 durch die Eingemeindung von Gnigl, Itzling, Maxglan und Teilen von Aigen von gut 40.000 Einwohnern 1934 auf knapp 64.000 Einwohner. 1936 wurde die Mitterberger Kupfer AG gänzlich liquidiert, damit wurde der Raum Bischofshofen-Mitterberg wirtschaftlich gesehen endgültig zu einem Notstandsgebiet. Im selben Jahr übersprang der Mühlbacher Skispringer Sepp „Bubi" Bradl als erster Mensch die 100-Meter-Marke. In der Stadt wurde mit dem Bau der Alpenstraße begonnen, die Glan wurde reguliert und ihr Lauf um über drei Kilometer gekürzt. Für den Almkanal wurde 1937 ein eigenes Bundesgesetz erlassen, in dem der Staat seinen Besitz an diesem mittelalterlichen Wasserzuleitungssystem samt der damit verbundenen Kosten und Pflichten einerseits auf zwei Wasserwerksgenossenschaften und andererseits auf die Stadt Salzburg übertrug. Ebenfalls 1937 wurde das Festspielhaus auf Wunsch des Dirigenten Arturo Toscanini durch Clemens Holzmeister grundlegend umgebaut. Nach dem Einmarsch deutscher Truppen in Österreich am 12. März wurde Salzburg zum Reichsgau. Erster Gauleiter wurde Anton Wintersteiger, der schon in den Jahren vor dem Anschluss als illegaler Gauleiter von Salzburg tätig war, aber bereits im Mai 1938 wurde er von dem Kärntner Friedrich Rainer in dieser Position abgelöst. Salzburg war, nebenbei bemerkt, das einzige Bundesland, dessen Territorium sich nach dem Anschluss nicht veränderte. Zwar wollten die Nazis den Lungau der Steiermark zuschlagen, aber eine Lungauer Delegation konnte dies nach wochenlangen, hartnäckigen Vorsprachen in Berlin verhindern.[15]

---

15 Vgl. dazu Brettenthaler, Salzburgs SynChronik, S. 233 und 237.

II

Österreich nach dem Anschluss

Hitler reiste über Braunau und Linz nach Wien, wo in etwa 250.000 Menschen auf dem Heldenplatz und entlang der Ringstraße seiner Rede über den Eintritt Österreichs ins Deutsche Reich zuhörten. Die Menge setzte sich neben überzeugten Nationalsozialisten auch aus vielen Mitläufern und Opportunisten sowie aus Schaulustigen zusammen. Für den 10. April wurde erneut eine Volksabstimmung über den Anschluss Österreichs angesetzt, was eher einer Alibihandlung der Nazis gleichkam. Denn von einer freien Abstimmung konnte keine Rede mehr sein. Sogar Kardinal Innitzer, der zu diesem Zeitpunkt noch hoffte, dass die Kirche sich mit den Nazis arrangieren könnte, und Karl Renner gaben eine Empfehlung ab, für den Anschluss zu stimmen.

Bei der Volksabstimmung lag die Wahlbeteiligung bei 99,7 Prozent und davon stimmten 99,6 Prozent für den Anschluss. Das NS-Regime nutzte aber auch von Anfang an terroristische Mittel gegen politische Gegner und Juden. So füllten sich in den ersten sechs Wochen nach dem Einmarsch die österreichischen und neu errichteten Gestapo-Gefängnisse. 50.000 bis 70.000 Menschen wurden in dieser Zeit ihrer Freiheit beraubt, manche hatten das Glück, dass ihre Haft nur kurz währte, andere sollten sie nicht überleben. Betroffen waren neben führenden Protagonisten des Ständestaates die Sozialisten und Kommunisten, aber auch antifaschistische Intellektuelle und Künstler. Und natürlich betraf die Verfolgung auch von Anfang an die Juden besonders stark. In Wien begannen die Übergriffe auf die Juden schon am 11. März, also noch vor Einmarsch der Deutschen. In Folge wurden sie von öffentlichen Ämtern und Schulen ausgeschlossen, öffentlich gedemütigt, beraubt, enteignet, inhaftiert und auch schon teilweise in Konzentrationslager gebracht.[16] Auch einige ehemalige österreichische Politiker, wie etwa Schuschnigg, teilten dieses Schicksal. Angeblich sollen diese Erfahrungen im KZ dann zum Willen zum Konsens zwischen „Rot und Schwarz" nach 1945 stark beigetragen haben.

Ihren traurigen Höhepunkt erreichte die Judenverfolgung im Jahr 1938 mit den Novemberpogromen. Den willkommenen Anlass dazu gab den Nazis die Ermordung eines deutschen Botschaftsangehörigen in Paris durch einen jungen Juden namens Herschel Grynszpan. Die Novemberpogrome wurden von höchster Stelle angeordnet. Im gesamten deutschen Reichsgebiet gab es antisemitische Ausschreitungen, die in Wien besonders heftig ausfielen. Dort gab es mehrere Tausend zerstörte und geplünderte Wohnungen und Geschäfte, über 40 Synagogen und Bethäuser wurden verwüstet und meist auch angezündet. Mindestens 27 Juden wurden getötet, viele mehr wurden verletzt, teilweise schwer, und über 6500 wurden inhaftiert. Auch in anderen österreichischen Städten, insbesondere in Graz und Innsbruck, kam es zu gelenkten Ausschreitungen gegen Juden und zur Zerstörung von Synagogen.[17]

Um den Anschluss auch verwaltungstechnisch zu realisieren, wurde nach der Abstimmung das Amt eines Reichskommissars für die Wiedervereinigung Österreichs mit dem Reich geschaffen. Inhaber dieses Amtes wurde Josef Bürckel, ein verdienter Nazi aus Deutschland. Um den „wilden Arisierungen" einen Riegel vorzuschieben, gab er bekannt, dass Übergriffe auf Juden, die nicht durch die Partei angeordnet worden waren, zum Ausschluss aus selbiger führen würden. Denn die Arisierungen sollten sich kontrolliert von Staat und Partei vollziehen. Bis zum Ausbruch des Krieges war es das Ziel der NS-Judenpolitik in Österreich, die Juden durch Zerstörung ihrer wirtschaftlichen Existenz zur Auswanderung zu bewegen. In einem Palais in Wien, welches zuvor im Besitz der Familie Rothschild war, wurde eine Zentralstelle für jüdische Auswanderung eingerichtet, geleitet wurde diese Stelle von Adolf Eichmann, einem Hauptakteur des späteren industriellen Massenmordes. Bis November 1939 wanderten so 126.000 österreichische Juden aus, zusätzlich noch ungefähr 30.000 Nichtjuden, die nach den Nürnberger Rassegesetzen als jüdisch galten. Von den gut 65.000 Juden, die verblieben, sollten nur die wenigsten den Krieg überleben. Hitler, der aufgrund

---

16 Vgl. dazu Haas, Hanns, Der Anschluss, in: Talos, Emmerich, Hanisch, Ernst, Neugebauer, Wolfgang, Hg., NS-Herrschaft in Österreich 1938-1945, Wien 1988, S. 1–24, hier S. 16–18.
17 Vgl. dazu Häusler, Wolfgang, Das Jahr 1938 und die österreichischen Juden, in: Dokumentationsarchiv des österreichischen Widerstandes, Hg., „Anschluß" 1938, Eine Dokumentation, Wien 1988, S. 85–92, hier S. 91.

seiner Erfahrungen in Wien ein Misstrauen gegen diese Stadt hegte, wollte es unbedingt vermeiden, aus Österreich einen einzigen, von Wien aus zentral verwalteten Parteigau zu machen. Damit wollte er erreichen, dass sich die einzelnen „Bundesländer" mit ihren Anliegen nicht nach Wien, sondern nach Berlin wenden sollten. Bürckel realisierte Hitlers Konzept bis zum Mai 1938. Das Burgenland wurde zwischen Niederösterreich (Niederdonau) und der Steiermark aufgeteilt. Vorarlberg und Tirol wurden zu einem Reichs- und Parteigau. Osttirol kam zu Kärnten, das Ausseerland zu Oberösterreich (Oberdonau). Wien vergrößerte sich auf das Vierfache seiner bisherigen Fläche. Überall außer in Wien wurden die Gauleiter der NSDAP gleichzeitig zu den Landeshauptleuten. Mit dem Münchner Abkommen im September 1938 gingen Teile der Tschechoslowakei an Ober- und Niederösterreich. Und im Jahr 1941 konnten dann auch Kärnten und die Steiermark nach dem Überfall auf Jugoslawien territoriale Zugewinne verbuchen, nämlich das alte Südkärnten, die Krain und die Untersteiermark. Am 14. April 1939 wurde das Ostmarkgesetz erlassen, Begriffe wie Österreich, österreichisch und Austria wurden verboten. Es gab aber einige wenige Ausnahmen, etwa den Fußballklub FK Austria Wien oder die Erste Österreichische Spar-Casse. Im Jahr 1940 verfügte Hitler als eine Art letzten Schritt die Umbenennung der Ostmark in Donau- und Alpenreichsgaue, um jede Spur des früheren Landes Österreich auszulöschen.[18]

Zu den wirtschafts- und sozialpolitischen Aspekten nach dem Anschluss lässt sich sagen, dass die Nationalsozialisten gleich nach der Machtübernahme in Österreich damit begannen, dessen Ressourcen im Interesse des Großdeutschen Reiches auszubeuten. Eine breite Mehrheit der Bevölkerung stand dem anfangs noch nicht negativ gegenüber, denn für viele stellte das eine Belebung der verglichen mit Deutschland noch immer danniederliegenden Wirtschaft dar. Das gesamte staatliche Eigentum ging mit dem Ende Österreichs auf das Dritte Reich über, darunter die Gold- und Devisenreserven, sämtlicher Wald- und Grundbesitz, die Eisenbahnen, sonstige staatliche Monopolbetriebe und auch die Kunstschätze. Auch die finanziellen und industriellen Großunternehmen gerieten in einem noch stärkeren Ausmaß in deutsche Hände, als dies in der Ersten Republik schon der Fall gewesen war. Österreichisches Eisenerz, Magnesit, Erdöl, Holz und elektrische Energie etc. wurden für die unter Rohstoffknappheit

---

18 Vgl. dazu Berger, Peter, Kurze Geschichte Österreichs im 20. Jahrhundert, Wien 2007, S. 208–211.

leidende deutsche Rüstungsindustrie zu einem dringend benötigten Erfordernis zur weiteren Aufrüstung. Und die Rüstungsindustrie sollte auch viele Arbeitsplätze bringen. In den Jahren 1938/39 kam es zu einer Art Gründungsfieber in allen Sparten, die direkt oder indirekt von der Kriegswirtschaft abhängig waren. Außerdem kam es auch zu einem Boom im Straßen- und Wohnbaubereich. Großprojekte der Schwer- und Metallindustrie, der chemischen Industrie und der Energieerzeugung wurden bevorzugt vorangetrieben. Die Landwirtschaft erhielt produktions- und organisationstechnische Impulse zur Steigerung ihrer Leistungsfähigkeit. Doch nach dieser stürmischen Expansionsperiode stellten dann viele österreichische Unternehmer und noch viel mehr nationalsozialistische Parteigänger, die sich durch ihre Parteizugehörigkeit einen sozialen Aufstieg versprochen hatten, enttäuscht fest, dass sich die deutschen Konzerne die meisten der einträglichen österreichischen Betriebe gesichert hatten und sie dort in den Führungsriegen ihr eigenes deutsches Personal einsetzten.

Noch tiefer saß bei vielen die Enttäuschung darüber, dass sie ihrer Meinung nach bei den Arisierungen zu kurz gekommen waren. Dies waren dann Faktoren, die innerhalb der österreichischen Nationalsozialisten eine steigende Ablehnung gegenüber den „reichsdeutschen Parteigenossen" hervorrief. Der auf den ersten Blick größte wirtschafts- und sozialpolitische Erfolg der Nationalsozialisten nach dem Anschluss war auf dem Gebiet der Arbeitsbeschaffung gelungen. Schon kurz nach dem Anschluss zeichnete sich in Österreich eine Besserung der Beschäftigungslage ab, im Westen Österreichs stärker, im Osten schwächer. Generell blieb der Osten Österreichs wirtschaftsstrukturell im Vergleich mit dem Westen und dem „Altreich" stärker zurück. Aber in ganz Österreich gelang es, noch vor dem Ausbruch des Krieges im September 1939 die Arbeitslosigkeit gänzlich zu beseitigen. Allerdings sollte man bei diesen erfreulichen Arbeitslosenzahlen nicht vergessen, dass der Anschluss Österreichs zu einem Zeitpunkt erfolgte, als die deutsche Rüstungskonjunktur im eigenen Land schon einen empfindlichen Arbeitskräftemangel hervorgerufen hatte und so neue Arbeitskräfte dringend benötigt wurden. So gesehen war die Beseitigung der Arbeitslosigkeit in Österreich eher ein Nebenprodukt der Einbeziehung in die rasch expandierende deutsche Rüstungswirtschaft, die sich auf den nahenden Krieg vorbereitete, als die primäre Auswirkung einer nationalsozialistischen Beschäftigungs- und Sozialpolitik.[19]

---

19 Vgl. dazu Botz, Gerhard, Der 13. März 38 und die Anschlussbewegung. Selbstaufgabe, Okkupation und Selbstfindung Österreichs 1918–1945, Wien 1978, S. 28–30.

Salzburg nach dem Anschluss bis zum Jahresende 1941

Auch in Salzburg wurden die am 12. März einrückenden deutschen Truppen mit großem Jubel begrüßt. Die Erinnerungstafel an die Volksabstimmung aus dem Jahr 1921 am Rathausbogen wurde festlich geschmückt. Für viele Menschen war mit dem Anschluss ein lange gehegter Wunsch in Erfüllung gegangen. Aber es gab auch viele, die keinen Grund zum Jubeln hatten.[20] Bereits einen Tag nach dem Einmarsch wurde der bereits erwähnte Anton Wintersteiger zum Landeshauptmann ernannt und der Landtag wurde aufgelöst. In der Stadt wurde der bisherige Bürgermeister abgesetzt und durch den Nationalsozialisten Anton Giger ersetzt. Auch die bisherigen Stadträte wurden ihres Amtes enthoben und der Gemeinderat wurde aufgelöst. Ebenso wurden die Spitzen der Polizei- und Sicherheitsdirektion, der Landeskrankenanstalten, des Landesschulrates und der Rechtanwaltskammer von NSDAP-Mitgliedern abgelöst. Sämtliche Beamte, österreichweit, mussten dann einen feierlichen Eid auf den Führer schwören. Zeitgleich kam es zu „Säuberungen" von Anhängern des Ständestaates in der Beamtenschaft, der Polizei und des Bundesheeres, einige der Betroffenen fanden sich dann in den ersten Transporten nach Dachau wieder.[21] Die in Salzburg traditionell fest verwurzelte katholische Kirche musste, trotz Widerstandes und Versuchen, eine Einigung mit den neuen Machthabern zu erzielen, starke Einschnitte ihrer Macht hinnehmen. Das katholische Schulwesen wurde, wie in ganz

---

20 Vgl. dazu Kramml, Peter, „Doppelherrschaft", NS-Machtergreifung und „Anschluß". Vom Berchtesgadener Abkommen zur Anschlussvolksabstimmung, in: Hanisch, Ernst, Kramml, Peter, Hg., Hoffnungen und Verzweiflung in der Stadt Salzburg 1938/39, Salzburg 2010, S. 165–237, hier S. 195 f.
21 Vgl. dazu Ebd., S. 198–202.

Österreich, verboten und der Kirchenbesitz wurde teilweise beschlagnahmt. Kulturell sollte Salzburg von seiner „klerikalen und jüdischen" Prägung befreit werden. Auf Initiative des Lehrers Karl Springenschmid kam es am 30. April 1938 auf dem Residenzplatz durch die Hitlerjugend zur einzigen Bücherverbrennung auf österreichischem Gebiet.[22] Die jüdische Gemeinde Salzburgs zählte im März 1938 rund 200 Menschen, von denen nach dem Anschluss viele ins Exil flohen. Die Salzburger Synagoge wurde während der „Reichskristallnacht" vom 9. auf den 10. November, die den Höhepunkt der Novemberpogrome markierte, zerstört, Geschäfte jüdischer Eigentümer verwüstet oder enteignet. Alle männlichen Juden der Stadt Salzburg wurden im Zuge der Ausschreitungen von der SS verhaftet und nach Dachau deportiert. Die noch in Salzburg verbliebenen Juden, fast ausschließlich Frauen, Alte und Kinder, mussten nach Wien umsiedeln. Gauleiter Friedrich Rainer verkündete wenige Tage später, dass Salzburg „judenrein" sei. Was so nicht gänzlich stimmte, denn auch während des Krieges gab es Juden in Salzburg. Denn beim Kraftwerksbau in Kaprun und auch im Stubachtal wurden jüdische Zwangsarbeiter eingesetzt, einige wenige Juden konnten auch in Verstecken oder in Mischehen überleben.[23]

Bezüglich der künftigen staatlichen Verwaltung legte das Ostmarkgesetz vom 14. April 1939 fest, dass aus dem ehemaligen österreichischem Bundesland Salzburg der Reichsgau Salzburg gebildet werden sollte. Der Reichsgau wurde einerseits zu einem staatlichen Verwaltungsbezirk, andererseits wurde er auch zu einer Selbstverwaltungskörperschaft und er war gleichzeitig auch Parteigau. Bei allen drei Funktionen hatte der Gauleiter, der später zugleich auch Reichsstatthalter war, die Befehlsgewalt inne. Nur in seiner Stellvertretung wurden die drei Befehlsebenen in die Hände von drei verschiedenen Personen gelegt. In der staatlichen Verwaltung wurde der Reichsstatthalter durch den Regierungspräsidenten vertreten, in der Selbstverwaltung durch den Gauhauptmann und in den Parteiangelegenheiten durch den Gauleiterstellvertreter. Auch alle Reichssonderverwaltungen auf der Stufe des Reichsgaues, wie etwa Reichsfinanz-, die Reichsbahn- und die Reichspostverwaltung, unterstanden dem Reichsstatthalter. Lediglich die Reichsjustizverwaltung bildete eine Ausnahme. Die Einrichtung der Reichsgaue sollte bis Ende September 1939 vollendet sein. Doch konnte die-

---

22 Vgl. dazu Hanisch, Ernst, Zwischen Wien und München. Salzburg – Die „Deutsche Stadt Mozarts" 1938–1945, in: Mayrhofer, Fritz, Opll, Ferdinand, Hg., Stadt und Nationalsozialismus, Linz 2008, S. 251–266, hier S. 251.
23 Vgl. dazu Embacher, Helga, Die Salzburger jüdische Gemeinde von ihrer Neugründung im Liberalismus bis zur Gegenwart, in: Embacher, Helga, Hg., Juden in Salzburg, Salzburg 2002, S. 38–66, hier 60 f.

ser Termin aus verwaltungstechnischen Gründen und wegen des Kriegsbeginns nicht eingehalten werden, und so dauerte die Übergangszeit bis zum 1. April 1940. In dieser Zeit existierten die sich im Aufbau befindlichen Gaue und das sich im Abbau befindende Land Österreich nebeneinander. Allgemein lässt sich sagen, dass in der Person des Gauleiters und Reichsstatthalters eine Machtfülle vereint war, die die Befugnisse, die vorher die Landeshauptleute innehatten, bei Weitem übertraf.[24]

Im wirtschaftlichen Bereich verliefen die Anfänge der nationalsozialistischen Herrschaft in Salzburg durchaus sehr erfolgreich. Das ganze Land wurde von einem Modernisierungsschub erfasst. Es wurden viele neue Arbeitsplätze geschaffen, zum Beispiel bei der Errichtung der Tauernkraftwerke in Kaprun, bei den Grill-Werken in Hallein (dem größten Rüstungsbetrieb in Salzburg) oder durch den Autobahnbau, für den Hitler selbst im April 1938 am Walserberg öffentlichkeitswirksam den ersten Spatenstich vornahm. Die Arbeitslosenrate sank innerhalb eines Jahres von knapp über 23 Prozent auf unter vier Prozent. Auch die Industrialisierung schritt rasch voran. Die Nazis bemühten sich am Anfang auch teilweise um jene Gruppen, in denen es deutliche Vorbehalte gegen sie gab. Einerseits die sozialdemokratischen Arbeiter und andererseits die christlichsozialen Bauern. Unter dem Eindruck der sinkenden Arbeitslosigkeit, des steigenden Lebensstandards und der Einführung von Sozialleistungen, wie etwa die Einführung der Altersversicherung oder der Kinderbeihilfe, sollte es wenig verwundern, dass beinahe 30 Prozent der Parteieintritte in die NSDAP im Jahr 1938 auf Arbeiter entfielen.[25] „Auch Maßnahmen zur Durchbrechung alter Klassenschranken wie die Abschaffung der bürgerlichen Titel, die Einbeziehung von Bürgersöhnen zum Reichsarbeitsdienst und das Haushaltsjahr für höhere Töchter stießen bei den Arbeitern auf Zustimmung. Die Beschneidung von Rechten, die sich die Arbeiter in der Ersten Republik erkämpft hatten, sollte durch Ideologie und Kultur kompensiert werden. Es gab Betriebswettkämpfe, und als Ersatz für fehlende Lohnerhöhungen verschönerte man die Arbeit durch Einrichtung von Kantinen, durch Werkpausenkonzerte und Theaterabonnements für Arbeiter. Auch die Aktivitäten der Freizeitorganisation ‚Kraft durch Freude' (KdF) stießen auf breite Zustimmung. Die sozialdemokratischen Kernschichten gingen

---

24 Vgl. dazu Hanisch, Ernst, Die Nationalsozialistische Herrschaft, in: Dopsch, Heinz, Spatzenegger, Hans, Hg., Geschichte Salzburgs. Stadt und Land, Band II, Neuzeit und Zeitgeschichte, Salzburg 1988, S. 1121–1170, hier 1149 und 1151.
25 Vgl. dazu Dopsch, Heinz, Kleine Geschichte Salzburgs. Stadt und Land, Salzburg 2001, S. 193.

aber nicht zu den Nationalsozialisten über, sondern passten sich nur äußerlich an und waren im Übrigen bestrebt, ihre wahre Gesinnung nicht zu verraten."[26] Die Bauern profitierten in Form von Aufbauzuschüssen und günstigen Darlehen mit einer langen Laufzeit. Mit dem Geld schafften sich dann viele Bauern moderne Geräte und Maschinen an. Außerdem erhielten die Bauern nach dem Anschluss Zugang zum großen deutschen Markt, wurden allerdings auch dessen strenger Marktordnung unterworfen. Aus mehreren Gründen blieb aber die Stimmung in den bäuerlichen Kreisen gegenüber den Nazis eher ablehnend. So sahen sich die Bauern etwa durch ein erlassenes Erbhofgesetz in ihrem freien Eigentumsrecht eingeschränkt. Außerdem waren und blieben die meisten Bauern gläubige Katholiken und lehnten daher den Kampf der Nazis gegen die Kirche ab, ebenso wie den starken ideologischen Zwang, den die Nazis propagierten. Ein weiterer Punkt, den man nicht unterschätzen sollte, war, dass sich viele Bauern durch die ständigen Hofkontrollen des Systems in ihrem Selbstbewusstsein und Ehrgefühl gekränkt und in ihrer Privatsphäre verletzt fühlten.[27]

Da die neuen Machthaber mit der Stadt Salzburg Großes vorhatten, wurde sie durch erneute Eingemeindungen sowohl einwohner- wie auch flächenmäßig vergrößert. Bereits im Jahr 1938 kamen Morzg und Teile von Bergheim, Hallwang, Wals sowie des Gaisberggebietes zum Stadtgebiet, welches von 25 auf 67 Quadratkilometer anwuchs. 1939 folgten Liefering, Leopoldskron und der Teil von Aigen, der 1935 noch nicht eingemeindet wurde, die Einwohnerzahl wuchs somit auf knapp über 77.000 Einwohner.[28] Nach der Machtergreifung ergab sich für die Nationalsozialisten außerdem auch die Notwendigkeit, für die Stadt Salzburg ein Image zu entwickeln, welches ihren „ideologischen Ansprüchen" entsprach. Da diesbezüglich keine Vorüberlegungen existierten, musste die nationalsozialistische Imagepflege fast zwangsläufig auf eine Fortsetzung des in der Zwischenkriegszeit entwickelten Images von Salzburg als Festspiel- und Mozartstadt hinauslaufen. Um Salzburgs Rolle als Kulturmetropole glaubhaft zu vermitteln, waren allerdings Retuschen an dem aus der Ständestaatsära übernommenen Salzburgbild unvermeidlich. Die Festspiele blieben unbestritten das kulturelle Aushängeschild der Stadt, auch wenn anfangs hinsichtlich ihrer programmatischen Ausrichtung noch Unklarheit bestand. In der Phase unmittelbar

---

26 Dopsch, Kleine Geschichte Salzburgs, S. 193 f.
27 Vgl. dazu Ebd., S. 194.
28 Vgl. dazu Brettenthaler, Salzburgs SynChronik, S. 237.

nach dem Anschluss fanden sich noch Absichtserklärungen der neuen Macht-haber, die Internationalität der Festspiele zu wahren und die österreichische Kulturtradition fortzusetzen. Bei der Festspieleröffnung 1938 brüsteten sich die Nazis damit, dass nach der Reichstheaterwoche in Wien nun die Festspiele in Salzburg stattfänden, in ihren Augen ein Zeugnis, wie wichtig der Reichsführung die österreichische Kunst- und Kulturtradition nahm. Trotzdem kam es zu einer radikalen Uminterpretierung des Salzburgbilds durch die Nazis. Während die Festspielstadt in der Zwischenkriegszeit ein integraler Bestandteil der kulturell fundierten Österreichideologie gewesen war, wurde sie nun zur kerndeutschen Stadt, durch Geschichte und Tradition dazu bestimmt, als Kulturzentrum im deutschen Raum zu wirken. Um dies zu erreichen, wollten die Nazis auf allen Ebenen versuchen, wie der Historiker Hanisch es bezeichnet, „den katholischen ästhetischen Charakter der Stadt auszuhöhlen, umzuinterpretieren und zu be-seitigen".

Und natürlich kam es auch zu einem radikalen Bruch mit der in den Augen der Nazis jüdischen Festspieltradition Hofmannsthals und Reinhardts. Auch wenn die Festspiele ab 1938 kontinuierlich ihr internationales Publikum verloren, was anfangs noch durch verstärkten Besucherzustrom aus dem Altreich kom-pensiert werden konnte, steht trotzdem fest, dass die Festspiele bis weit in den Krieg hinein eine ganz wesentliche Rolle für die Positionierung von Stadt und Gau im größeren Rahmen des NS-Staates zu erfüllen hatten.[29] Salzburgs Zu-kunft als Kulturmetropole und Festspielstadt und damit verbunden als Touris-muszentrum stand außer Frage. Ebenso außer Frage stand, dass die Pflege des kulturellen Erbes nicht auf eine Musealisierung hinauslaufen dürfe, sondern im Rahmen eines umfassenden Modernisierungsprozesses zu sehen war, der den Charakter der Stadt radikal verändern sollte. Den Neugestaltungsvisionen der Nazis lag zunächst noch kein ausgereiftes Konzept einer zukünftigen Stadtent-wicklung zugrunde, was dazu führte, dass im Einzelnen durchaus divergierende Vorstellungen kursierten.

Vor allem der Gauleiter Rainer hatte eine monumentale Umgestaltung des Stadt-bildes im Sinn, wobei es ihm aber nicht nur um eine repräsentative Aufwertung

---

29 Vgl. Hoffmann, Robert, „Schönste Stadt Deutschlands". Salzburg-Kult mit braunen Vorzeichen, in Kramml, Peter, Kühberger, Christoph, Hg., Inszenierung der Macht. Alltag – Kultur – Propaganda, Salzburg 2011, S. 14–59, hier 18 f.

ging. Es ging ihm auch darum, ein von ihm geortetes Defizit des Heroischen abzubauen und der Stadt wegen der geografischen Nähe zum Führer am Obersalzberg ein entsprechendes Image zu verschaffen. Im August 1938 legten ihm die von ihm beauftragten Architekten erste Pläne vor. Die umfangreichen Planungen veranlassten ihn, Hitler selbst in den Entscheidungsprozess einzubinden, was zur Folge hatte, dass Salzburg im März 1939 zur „Neugestaltungsstadt" erhoben wurde und Rainer für die Umsetzung seiner Visionen weitgehend freie Hand erhielt. Nach den Planungen von Rainers Architekten hätten auf dem Kapuzinerberg, in der Nazizeit hieß er Imberg, eine riesige Gauhalle sowie dahinter in erhöhter Position das Gauhaus als Sitz des Gauleiters und der Parteizentrale sowie eine Gauburg errichtet werden sollen. Hitler selbst soll sich zu den Planungen am Kapuzinerberg sehr positiv geäußert haben, nämlich dass die NS-Bauten auf dem Imberg dazu berufen seien, gegenüber der klerikalen Düsterkeit der Altstadt die Heiterkeit nationalsozialistischer Kunstgesinnung aufzuzeigen. Gigantische Ausmaße hatte auch das Projekt des geplanten Wehrkreiskommandos[30] auf dem Mönchsberg. Die Umsetzungen dieser monströsen Pläne sollten allerdings am Kriegsverlauf scheitern. Denn Anfang 1942 erging an den Bürgermeister Giger die Weisung, alle nicht kriegswirtschaftlich notwendigen Bauplanungen einzustellen.[31] „Aus der Perspektive der NSDAP sollte durch die städtebauliche Umgestaltung der monumentale Rahmen für ein ‚gewaltiges weltanschauliches Ausstrahlungszentrum' geschaffen werden. Gauleiter Rainer war nicht nur ein Gegner jeder Zentralisation von Amtsstellen in Wien und Berlin, sondern führte darüber hinaus einen ununterbrochenen Kleinkrieg gegen den Tiroler Gauleiter, der, so Rainer wörtlich in einem Beschwerdeschreiben, zum Nachteil von Salzburg alle wichtigen Stellen nach Innsbruck bekommen wolle. Letztlich einigte man sich darauf, übergeordnete Partei- sowie Wehrmachtsstellen des ‚Alpenlandes' in Salzburg, übergreifende Verwaltungsinstanzen dagegen in Innsbruck zu konzentrieren, wodurch Salzburg – obwohl kleinster Gau des Reichs – machtmäßig eindeutig bevorzugt wurde. Machtpolitisch bedeutsam war insbesondere die Stationierung eines höheren SS- und Polizeiführers in Salzburg. Untergebracht war der Sitz des SS-Oberabschnitts Salzburg[32] seit Juni 1939 im erzbischöflichen Palais am Kapitelplatz, das Erzbischof Sigismund Waitz hatte räumen müssen."[33] Außerdem erhoffte sich Rainer durch die geografische Nähe Salzburgs zum

---

30 Salzburg wurde zum Sitz des Wehrkreises XVIII, zu dem auch Kärnten, die Steiermark und Tirol gehörten.
31 Vgl. Hoffmann, „Schönste Stadt Deutschlands", S. 26–29.
32 Der SS-Oberabschnitts Salzburg umfasste dieselben Gebiete wie der Wehrkreis XVIII.
33 Hoffmann, „Schönste Stadt Deutschlands", S. 30 f.

Obersalzberg auch eine zukünftige Rolle Salzburgs als politisches Machtzentrum von überregionaler Bedeutung. In seinen Augen waren die Voraussetzungen für einen derartigen Bedeutungsgewinn in jeder Hinsicht gegeben, und so verkündete er im März 1939 vor Pressevertretern: „Autostraßen und neue Bahnlinien werden Salzburg, das ja schon immer gewissermaßen ein Vorzimmer und ein Rangierbahnhof des Deutschen Reichs war, mit dem Sommersitz des Führers verbinden und so in Wahrheit zu einer Stadt des Führers machen." Tatsächlich aber fand eine Verlagerung der politischen Entscheidungsprozesse des Dritten Reichs zum Obersalzberg, aber auch nach Schloss Kleßheim, das als Gästehaus des Regimes ausgebaut wurde, und zum Schloss Fuschl, welches sich der Reichsaußenminister Ribbentrop angeeignet hatte, in bedeutsamem Umfang erst nach Kriegsbeginn statt.[34]

Was das Festspielprogramm betrifft, so wäre zu bemerken, dass bei den Festspielen 1938 neben zwei Opern von Mozart auch zwei Opern von Richard Wagner auf dem Programm standen. „Diese starke Präsenz Wagners im Festspielprogramm entsprach zwar den Intentionen der regionalen NS-Führung sowie den persönlichen Ambitionen des Dirigenten Wilhelm Furtwängler. Der Reichspropagandaminister Goebbles war jedoch nicht bereit, diese offenkundige Konkurrenzierung von Bayreuth zu dulden und versicherte sich des Einverständnisses von Hitler hinsichtlich eines Verbots weiterer Wagneraufführungen in Salzburg."[35]

So stand wieder ganz allein Mozart im Mittelpunkt der Salzburger Festspiele. Diese Fokussierung auf Mozart, den deutschen Mozart, bezog sich aber nicht nur auf die Festspiele, sondern bot darüber hinaus willkommenen Anlass zur Aufwertung des Konservatoriums Mozarteum, das 1939 zur staatlichen „Hochschule für Musik" und dann 1941 zur ersten „Reichshochschule für Musik" erhoben wurde, wodurch Salzburg eine universitätsähnliche Ausbildungsstätte erhielt. Die Rolle Salzburgs als Mozartstadt wurde vom Regime bei allen sich bietenden Anlässen richtiggehend zelebriert. So auch im Jahr 1941, zum 150. Todestag des Komponisten. Die Nazipropaganda rief eine „Welt-Mozartfeier" aus, die den Nazis eine Gelegenheit zur öffentlichkeitswirksamen, internationalen Selbstdarstellung bieten sollte. Auch wenn es eher nur zu einer „Mozartwoche des Deutschen Reichs"

---

34 Vgl. Ebd., S. 31 f.
35 Ebd., S. 34.

wurde, versuchten die Nazis, die Festveranstaltungen in Salzburg, und auch in Wien, propagandistisch zur Demonstration des Überlegenheitsanspruchs der deutschen Kultur zu nutzen.[36]

„Heute fast vergessen ist, dass in der NS-Ära der Versuch unternommen wurde, neben dem Mozartkult einen Markart- sowie einen Paracelsuskult zu begründen. Während sich die Feiern anlässlich des Hundertjahrjubiläums des 1840 in Salzburg geborenen Malers letztlich auf eine Gedächtnisausstellung mit festlicher Eröffnung beschränkten, ging es im Fall von Paracelsus tatsächlich um die Implementierung einer Erinnerungskultur, die – zumindest im Prinzip – gleichrangig neben den Mozartkult treten sollte."[37] Zwar gab es seit dem 16. Jahrhundert eine Tradition der Paracelsusverehrung, doch trat diese im 19. Jahrhundert fast gänzlich in den Schatten des aufblühenden Mozartkults. Erst ein Roman über Paracelsus sowie die beginnende wissenschaftliche Auseinandersetzung mit seiner Person und seinem Werk läuteten in der Zwischenkriegszeit allmählich eine „Paracelsus-Renaissance" ein. Aus nationalsozialistischer Perspektive war es nach dem Anschluss naheliegend, dieses wieder erwachte Interesse für Salzburg zu nutzen und den Namen dieses „großen deutschen Arztes" anlässlich seines 400. Todestages im Jahr 1941 auf Dauer im öffentlichen Bewusstsein der Stadt zu verknüpfen.[38] „Die groß angelegten Detailplanungen der Stadtverwaltung für eine neuntägige ‚Paracelsus-Feier' vom 20. bis 28. September 1941 sahen nicht nur Festveranstaltungen im Beisein höchster Funktionäre des Reichs, einen wissenschaftlichen Kongress, eine Ausstellung, die Errichtung eines Paracelsus-Denkmals, sondern auch die Grundsteinlegung für ein Paracelsus-Krankenhaus, ja sogar einer medizinischen Paracelsus-Universität vor. Nach Beginn des Krieges und angesichts dessen Fortdauer erfolgte jedoch eine schrittweise Redimensionierung der ursprünglichen Planungen [...]. Immerhin erfolgte zu diesem Anlass die Gründung einer Paracelsus-Gesellschaft, womit für Salzburg die Hoffnung verbunden war, in Hinkunft über einen Sammelpunkt für die Paracelsus-Forschung zu verfügen."[39]

In seinem Tätigkeitsbericht als Oberbürgermeister von Salzburg für das Jahr 1941 äußerte sich der Amtsinhaber Giger über den „Paracelsuskult" wie folgt:

---

36 Vgl. Hoffmann, „Schönste Stadt Deutschlands", S. 36.
37 Ebd., S. 38.
38 Vgl. Ebd., 38.
39 Ebd., S. 38 f.

„Paracelsus muss uns in seiner Art eben so viel bedeuten wie Mozart. Denn während Mozart die Brücke bildet für die Musik und alle Musikbegeisterten, ist Paracelsus die Verbindung zu dem unerhört großen Kreis der Philosophen, Mediziner, Chemiker, Pharmazeuten, Botaniker, Mineralogen und anderer wissenschaftlicher Disziplinen [...]. Es ist wohl überdacht für uns, diesen Paracelsus-Kult ebenso aufzuziehen, wie den Mozartkult; [...] denn Salzburg darf niemals Fabrikstadt werden und hat die Berufung, die für sie natürlich gegebenen Möglichkeiten in kultureller Beziehung voll und ganz auszunützen und auszubauen und dazu gehört jetzt auch das Bemühen, die [...] Freunde und Verehrer des Paracelsus zu sammeln – und hier einen geistigen Mittelpunkt für die Behütung seines Erbes zu schaffen. Das wird Salzburg nicht nur Ruhm, sondern auch finanziellen Segen bringen."

„Die Inszenierung von Mozart- und auch Paracelsusfeiern diente somit nicht nur hehren Zwecken, sondern sollten Salzburg nach dem Ende des Kriegs neben den Festspielen als Veranstaltungsort von überregionaler Bedeutung positionieren. Vor allem sollte Salzburg in Zukunft eine bedeutende Rolle als Kongressstadt zufallen. Zu diesem Zweck kooperierte man eng mit der ‚Deutschen Kongress-Zentrale' in Berlin, einer Unterorganisation des Reichspropagandaministeriums, die sich nach Ausbruch des Krieges um den Aufbau eines nationalsozialistisch dominierten Internationalismus bemühte. Salzburg war als Standort einer Außenstelle dieser ‚Kongress-Zentrale' und gemeinsam mit fünf weiteren Städten als zukünftige großdeutsche Kongressstadt ausersehen."[40] Doch aufgrund des weiteren Kriegsverlaufs wurden auch diese Pläne hinfällig.

Der Versuch von Gauleiter Rainer, Salzburg zu einer Art NS-Mustergau zu machen, fand bei seinen Vorgesetzten großen Anklang. Wie Rainer selbst in einem Rechenschaftsbericht anführte, hatte der Gau unter ihm bisher keine personelle Krise erlebt, hatte Salzburg mehrfach bei den Sammlungen für das Winterhilfswerk der Nazis die Reichsspitze erreicht und der kirchliche und jüdische Einfluss war seiner Meinung nach gänzlich beseitigt worden. Rainer hatte sich somit für eine größere Aufgabe qualifiziert, und diese kam im Herbst 1941. Rainer sollte seinen Heimatgau Kärnten übernehmen, welcher im Jahr 1941 nach dem Überfall auf Jugoslawien mit der Angliederung der Oberkrain vergrößert worden war. Rainer erklärte sich am 15. September gegenüber dem Reichsleiter Martin Bormann bereit, den Gau Kärnten zu übernehmen, fügte dabei jedoch an, dass er

---

40 Hoffmann, „Schönste Stadt Deutschlands", S. 40.

gleichzeitig Gauleiter von Salzburg bleiben wolle. Doch dieser Plan ging nicht auf. Im November 1941 informierte Bormann den Reichsmarschall Göring darüber, dass Hitler über die Besetzung der Gauleitungen in Salzburg und Kärnten entschieden habe. Rainer übernahm den Gau Kärnten, der bisherige Reichsstudentenführer Gustav Adolf Scheel wurde zum Gauleiter von Salzburg.[41]

In der Wiener Ausgabe des „Völkischen Beobachters" vom 28. November 1941 findet sich sowohl auf der Titelseite als auch im Blattinneren ein Artikel über die Ernennung von Rainer und Scheel. Sogar ein Foto war von beiden auf der Titelseite abgebildet, wobei besonders Rainers Foto durch seine schwarze SS-Uniform und seiner schwarzen Kappe mit Totenkopfemblem hervorsticht. Der Text dazu lautete: „Der Führer hat den Gauleiter und Reichsstatthalter in Salzburg Dr. Friedrich Rainer zum Gauleiter des Gaues Kärnten und den Reichsstudentenführer Dr. Scheel zum Gauleiter und Reichsstatthalter des Gaues Salzburg ernannt."

Auf Seite 3 war dann unter der Überschrift „Zwei altbewährte Kämpfer. Die neuen Gauleiter von Salzburg und Kärnten" über Rainer und Scheel Folgendes zu lesen.
Über Rainer: *„Gauleiter Dr. Friedrich Rainer ist mit dem Kampf um die Behauptung des Deutschtums des seinerzeitigen Rumpfösterreich eng verbunden. [...] Bereits während des Kärntner Freiheitskampfes war Dr. Rainer in Abwehrformationen zu militärischen Hilfsdiensten eingesetzt. [...] Er war Mitglied der ersten St. Veiter SA 1923. Später beteiligte er sich führend in der Kärntner Wehrturnbewegung und war maßgeblich an deren Überführung in die nationalsozialistische Bewegung beteiligt. Er war Mitbegründer der ersten NSDAP-Ortsgruppe in St. Veit an der Glan und wurde 1930 in die Partei aufgenommen, wo er seit 1933 politische Sonderaufträge ausführte. Im Jänner 1934 übernahm Dr. Rainer Führungsaufgaben in der Kärntner SS Standarte, bis er im August 1934 von Gauleiter Klausner in die Gauleitung Kärnten berufen wurde. Im gleichen Monat wurde Dr. Rainer unter der Anklage des Hochverrates verhaftet und zu einem Jahr Polizeistrafe verurteilt [...]. Nach seiner Haftentlassung wurde Doktor Rainer in die Landesleitung Österreich der NSDAP berufen. Dort leitete er im Auftrage des Landesleiters Klausner den Gesamteinsatz der Partei in den Märztagen 1938. [...] Am 22. Mai 1938 wurde Dr. Rainer zum Gauleiter in Salzburg, bei Kriegsbeginn zum Reichsverteidigungs-*

---

41 Vgl. dazu Hanisch, Die Nationalsozialistische Herrschaft, S. 1152.

kommissar im Wehrkreis XXII [sic!] und am 15 März 1940 zum Reichsstatthalter in Salzburg ernannt. Gauleiter Dr. Rainer ist SS Gruppenführer, HJ-Gebietsführer und Mitglied des Deutschen Reichstages."

Über Scheel: *„Der Name Gustav Adolf Scheel ist aus der Geschichte des national-sozialistischen Studententums nicht wegzudenken. Im schweren Kampf gegen den liberalistischen Geist und die tiefgreifende Verjudung an Deutschlands Hochschulen wurde das Ideengut der nationalsozialistischen Bewegung gegen Widerstände aller Art durchgesetzt. [...] Er gehörte schon früh der völkischen Jugendbewegung an und arbeitete seit 1929 aktiv in der Partei. 1930 wurde er nationalsozialistischer Studentenführer [...]. Im November 1936 wurde er zum Reichsstudentenführer und 1937 zum Hauptamtsleiter der NSDAP ernannt. Er vereinigte sämtliche Einrichtungen des Studententums unter seiner Führung. [...] Dr. Scheel, der als SS-Brigadeführer der Schutzstaffel angehört, führte in dieser Eigenschaft zuletzt den SS Oberabschnitt Alpenland. Er ist Träger des Goldenen Ehrenzeichens der NSDAP und Mitglied des Deutschen Reichstages."*

Anhand des oben zitierten Zeitungsartikels lässt sich gut erkennen, dass sowohl Rainer, Jahrgang 1903, als auch der aus Rosenberg im deutschen Baden stammende Scheel, Jahrgang 1907, sehr früh mit ihrer Karriere in der Partei oder besser gesagt in ihren Vorfeldorganisationen begannen. Zusätzlich lässt sich aus dem Bericht über Rainer erkennen, wie früh die Nazis und ihre Vorfeldorganisationen schon in Österreich aktiv waren. Aber auch die wichtige Rolle Rainers vor, während und nach dem Anschluss wird durch diese wenigen Zeilen deutlich hervorgehoben.

Bereits am 18. November wurde die Ernennung Scheels zum Gauleiter und Reichsstatthalter von Salzburg bekannt gegeben. Seinem Vorgesetzen Himmler versicherte er in einem Schreiben:
„Dass ich nun den von mir täglich mit großem Stolz getragenen Rock der SS vertauschen soll, kann ich noch gar nicht begreifen. Ich bitte Sie aber, Reichsführer, die Versicherung entgegenzunehmen, dass ich mich auch als Gauleiter und Reichsstatthalter von Salzburg voll und ganz als Ihr Gefolgsmann fühlen werde."
Die Funktionsübergabe des Gauleiters und Reichsstatthalters erfolgte getrennt, was wohl geschah, um die unterschiedlichen Positionen dieser beiden Ämter zu betonen. Der Gauleiterwechsel fand am 29. November im Carabinierisaal in der

Salzburger Residenz im Beisein des Reichsorganisationsleiters Dr. Robert Ley statt. Die Angelobung als Reichsstatthalter fand knapp drei Wochen später, am 17. Dezember, statt und erfolgte durch den Reichsinnenminister Wilhelm Frick. Frick feierte bei diesem Anlass den Reichsgau Salzburg als ein positives Beispiel für das gesamte Reich.

Mit dem Amtsantritt Scheels, dem Sohn eines evangelischen Pastors, brach auch für die katholische Kirche wieder eine spürbar angenehmere Zeit an. „An Stelle des rabiaten
Antiklerikalismus der österreichischen Provinzbourgeoisie, wie ihn Rainer geradezu in Reinkultur verkörperte, trat eine gelassenere, tolerantere, höflichere Kirchenpolitik. Das war umso leichter möglich, als die katholische Kirche sowieso bereits bis aufs Hemd ausgezogen worden war. Rainer und Springenschmid hatten hier ganze Arbeit geleistet. Vor allem wegen des veränderten Stils der Kirchenpolitik hatte Scheel in Salzburg eine verhältnismäßig gute Nachrede. Das ehrgeizige Überpreußentum des österreichischen Provinznotars Rainer mit seinem schnoddrigen Befehlston wurde von den höflichen Umgangsformen des Süddeutschen Scheel abgelöst." Scheel, der auch als ein Vertrauter von Hitler galt, blieb dann von Ende 1941 bis zum 4. Mai 1945, dem Tag, an dem die Stadt Salzburg kampflos den Amerikanern übergeben wurde, als Gauleiter und Reichsstatthalter von Salzburg im Amt.

---

42 Vgl. dazu Hanisch, Die Nationalsozialistische Herrschaft, S. 1154 f.
43 Ebd., S. 1154.

Bibliographie

Literatur:

Berger, Peter, Kurze Geschichte Österreichs im 20. Jahrhundert, Wien 2007.

Botz, Gerhard, Der 13. März 38 und die Anschlussbewegung. Selbstaufgabe, Okkupation und Selbstfindung Österreichs 1918–1945, Wien 1978.

Brettenthaler, Josef, Salzburgs SynChronik. Eine gleichlaufende Darstellung historischer Ereignisse und Daten der Stadt und des Landes Salzburg in Beziehung gesetzt zur Geschichte Österreichs, des deutschen Raumes und der Welt, Salzburg 1987.

DER GROSSE PLOETZ. Die Daten-Enzyklopädie der Weltgeschichte, 33. Auflage, Köln 1998.

Dopsch, Heinz, Kleine Geschichte Salzburgs. Stadt und Land, Salzburg 2001.

Dopsch, Heinz, Spatzenegger, Hans, Hg., Geschichte Salzburgs. Stadt und Land, Band II, Neuzeit und Zeitgeschichte, Salzburg 1988.

Embacher, Helga, Die Salzburger jüdische Gemeinde von ihrer Neugründung im Liberalismus bis zur Gegenwart, in: Embacher, Helga, Hg., Juden in Salzburg, Salzburg 2002, S. 38–66.

Floimair, Roland, Hg., Von der Monarchie bis zum Anschluss. Ein Lesebuch zur Geschichte Salzburgs, Salzburg 1993.

Haas, Hanns, Der Anschluss, in: Talos, Emmerich, Hanisch, Ernst, Neugebauer, Wolfgang, Hg., NS-Herrschaft in Österreich 1938–1945, Wien 1988, S. 1–24.

Hanisch, Ernst, Die Nationalsozialistische Herrschaft, in: Dopsch, Heinz, Spatzenegger, Hans, Hg., Geschichte Salzburgs. Stadt und Land, Band II, Neuzeit und Zeitgeschichte, Salzburg 1988, S. 1121–1170.

Hanisch, Ernst, Zwischen Wien und München. Salzburg – Die „Deutsche Stadt Mozarts" 1938-1945, in: Mayrhofer, Fritz, Opll, Ferdinand, Hg., Stadt und Nationalsozialismus, Linz 2008, S. 251–266.

Hoffmann, Robert, „Schönste Stadt Deutschlands". Salzburg-Kult mit braunen Vorzeichen, in: Kramml, Peter, Kühberger, Christoph, Hg., Inszenierung der Macht. Alltag – Kultur – Propaganda, Salzburg 2011, S. 14–59.

Bibliographie

Häusler, Wolfgang, Das Jahr 1938 und die österreichischen Juden, in: Dokumentationsarchiv des österreichischen Widerstandes, Hg., „Anschluß" 1938, Eine Dokumentation, Wien 1988, S. 85–92.

Kramml, Peter, „Doppelherrschaft", NS-Machtergreifung und „Anschluß". Vom Berchtesgadener Abkommen zur Anschlussvolksabstimmung, in: Hanisch, Ernst, Kramml, Peter, Hg., Hoffnungen und Verzweiflung in der Stadt Salzburg 1938/39, Salzburg 2010, S. 165–237.

Rauscher, Hans, Hg., Das Buch Österreich. Die wichtigsten Texte über unser Land, Wien 2005.

Sandgruber, Roman, Illustrierte Geschichte Österreichs, Wien 2001.

Zaisberger, Friederike, Geschichte Salzburgs, Wien 1998.

Primärquelle:

Völkischer Beobachter, Wiener Ausgabe vom 28. November 1941.

Internetquellen:

http://www.demokratiezentrum.org/fileadmin/media/data/wahlen_ersterepublik.pdf

http://austria-lexikon.at/af/Wissenssammlungen/Politisches_Wissen/Bundeskanzler

Anhang

Liste der österreichischen Bundeskanzler
der Ersten Republik

Karl Renner (SDAP)	30. 10. 1918 – 07. 07. 1920
Michael Mayr (CS)	07. 07. 1920 – 21. 06. 1921
Johann Schober (Beamter)	21. 06. 1921 – 26. 01. 1922
Walter Breisky (Beamter)	26. 01. 1922 – 27. 01. 1922
Johann Schober (Beamter)	27. 01. 1922 – 31. 05. 1922
Ignaz Seipel (CS)	31. 05. 1922 – 20. 11. 1924
Rudolf Ramek (CS)	20. 11. 1924 – 20. 10. 1926
Ignaz Seipel (CS)	20. 10. 1926 – 04. 05. 1929
Ernst Streeruwitz (CS)	04. 05. 1929 – 26. 09. 1929
Johann Schober (Beamter)	26. 09. 1929 – 30. 09. 1930
Carl Vaugoin (CS)	30. 09. 1930 – 04. 12. 1930
Otto Ender (CS)	04. 12. 1930 – 20. 06. 1931
Karl Buresch (CS)	20. 06. 1931 – 20. 05. 1932
Engelbert Dollfuß (CS, VF)	20. 05. 1932 – 25. 07. 1934
Kurt Schuschnigg (VF)	29. 07. 1934 – 11. 03. 1938
Arthur Seyß-Inquart (NS)	11. 03. 1938 – 13. 03. 1938

- SDAP: Sozialdemokratische Arbeiterpartei
- CS: Christlichsoziale Partei
- GDVP: Großdeutsche Volkspartei
- VF: Vaterländische Front
- NSDAP: Nationalsozialistische Deutsche Arbeiterpartei

---

44 http://austria-lexikon.at/af/Wissenssammlungen/Politisches_Wissen/Bundeskanzler, Austria-Forum. Das österreichische Wissensnetz, aufgerufen 10. Februar 2012

Ergebnis der österreichischen Nationalratswahlen von 1919 bis 1930

Demokratiezentrum Wien
Onlinequelle: www.demokratiezentrum.org

Printquelle: Quelle: Dachs, Herbert u.a. (H.), Handbuch des politischen Systems Österreichs. Erste Republik 1918-1933, Wien 1995, S. 150.

Nationalratswahlen 1919-1930 (in absoluten Prozenten und Mandaten)

		Prozent										Mandate										
Jahr	Wahlb.	CSP[1]	SDAP	Deutschnationale Parteien[2]	Einheitsliste[3]	Landbund[4]	Nat. Wirtschafts-block[5]	Heimatblock[6]	Jüd.-Nat. Partei	Partei d. Sozialist. u. dem. Tschechoslowaken	Sonst. Parteien[7]	ges	CSP	SDAP	Deutschnationale Parteien	Einheitsliste	Landbund	Nat. Wirtschafts-block	Heimatblock	Jüd.-Nat. Partei	Partei de. Sozialist. u. dem. Tschechoslowaken	Sonst. Parteien
1919	84,4%	35,9	40,8	20,8	-	-	-	-	0,3	2,2	-	170	69	72	27	-	-	-	-	1	-	-
1920	80,3%	41,8	36,0	17,2	-	-	-	-	-	-	5	183	85	69	28	-	-	-	-	-	-	1
1923	87,0%	45,0	39,6	12,8	-	-	-	-	-	-	2,6	165	82	68	15	-	-	-	-	-	-	-
1927	89,3%	-	42,0	-	48,2	6	-	-	-	-	3	165	(73)	71	(12)	85	9	-	-	-	-	-
1930	90,2%	35,7	41,1	-	-	-	11,6	6,2	-	-	5,4	165	66	72	-	-	-	19	8	-	-	-

Anmerkungen zur Tabelle:
[1] 1927 als Einheitsliste mit Großdeutscher Volkspartei angetreten. Auf die CSP entfielen dabei 73 und auf die GDVP 12 Mandate.
[2] Für 1919 nicht weniger als 17 Parteien darunter vereint – 1920: zusammengesetzt aus Großdeutscher Volkspartei, Deutschösterr. Bauernpartei, Kärntner Bauernbund, Nationalsozialisten. – 1923: Großdeutsche Volkspartei und Landbund.
[3] Wahlpartei, 1927 gebildet aus CSP, GDVP, Mittelständischer Volkspartei und weiteren kleineren nationalen Gruppierungen.
[4] Der Landbund kandidierte bis 1923 jeweils mit der GDVP, 1927 dann erstmals selbständig.
[5] Als „Schober-Block" 1930, gebildet aus GDVP, Landbund für Österreich und kleiner Parteien.
[6] Liste bürgerlicher Selbstschutzformationen (Heimwehren).
[7] Das Mandat errang 1922 in einer Nachwahl die Burgenländische Bürger- und Bauernpartei.

Legende
CSP   Christlichsoziale Partei
SDAP   Sozialdemokratische Arbeiterpartei

Printquelle: Quelle: Dachs, Herbert u.a. (H.), Handbuch des politischen Systems Österreichs. Erste Republik 1918-1933, Wien 1995, S. 150.
Onlinequelle: www.demokratiezentrum.org

Widerstandskämpfer in Salzburg

Mag. Mario Scheiber

Robert Bannholzer

Geboren: unbekannt
Herkunft: Niederösterreich
Ort: Loosdorf bei Melk
Ort der Verhaftung: Kaprun
Beruf: Bäcker, Hilfsarbeiter, Mineur
Familienstand: verheiratet; keine Kinder
Widerstandsgruppe: Individuell

Robert Bannholzer wurde in Loosdorf bei Melk als Sohn eines Maurers geboren und besuchte dort eine sechsklassige Volksschule. Nach seiner Schulzeit erlernte er in Heinfeld den Beruf des Bäckers. Nach seiner Lehrzeit arbeitete er jedoch als Hilfsarbeiter im Tiefbau. Als Soldat der k. u. k. Armee nahm Bannholzer im Infanterieregiment 49 am Ersten Weltkrieg teil. Nach dem Ersten Weltkrieg schlug er sich zumeist als Hilfsarbeiter durch und war in der Zeit der Wirtschaftskrise längere Zeit arbeitslos. Erst 1937 begann Bannholzer, als Mineur und zuletzt als Schießmeister in Kaprun zu arbeiten.
Bis 1929 war Bannholzer Mitglied der Sozialdemokratischen Arbeiterpartei. Er trat jedoch aus und schloss sich bis 1932 der Kommunistischen Partei Österreich an.

Zum Zeitpunkt seiner Verhaftung war Robert Bannholzer kein Soldat der deutschen Wehrmacht, da er sich im Herbst 1940 nach der Teilnahme am Polen- und Frankreichfeldzug einen Beinbruch sowie einen Bändereinriss zugezogen hatte. Am 14. Juni 1941 soll Robert Bannholzer in der Kantine der Limbergalm bei Saalbach regimekritische Äußerungen getätigt haben. Als Zeugen in seinem Prozess traten Paul Vogl, Ing. Karl Jaenicke und Ordensjunker Wilhelm Erlach auf. Paul Vogl gab an, dass er gemeinsam mit Robert Bannholzer gegen 21:30 Uhr in der Kantine der Limbergalm reichlich Alkohol konsumiert habe. Als das Gespräch auf die Kriegsthematik gekommen sei, habe Bannholzer folgende Äußerungen getätigt: „Das ist schon gut, aber der lachende Dritte, der dann kommt, wird derjenige sein, der tatsächlich der Sieger ist", sowie „du bist ja Parteimitglied, aber jedenfalls, in fünf Jahren gibt es in Deutschland keine Hakenkreuzfahnen mehr". Vogl ärgerte sich über die Aussagen von Bannholzer und zeigte ihn deswegen bei der Gestapo an.

Der Zeuge Ing. Karl Jaenicke gab an, dass er mit Robert Bannholzer sowie zwei nicht näher bekannten Touristinnen am Nachmittag des 14. Juni 1941 in der Orgelhütte am Wasserfellboden zechte. Am frühen Abend fuhren sie mit einem kleinen Karren ins Tal und Bannholzer ging in die Kantine. Zu den mutmaßlichen Äußerungen von Bannholzer kann Jaenicke keine Angaben machen, da er nicht anwesend war. Jaenicke beschrieb Bannholzer als guten Arbeiter und Kameraden. Wie Ing. Jaenicke gab auch der Zeuge Ordensjunker Wilhelm Erlach zu Protokoll, dass Robert Bannholzer ein integrer und intelligenter Mensch gewesen sei. Dennoch verurteilte man Robert Bannholzer am 26. November 1941 in einem Prozess am Landesgericht Salzburg wegen „Heimtücke" zu fünf Monaten Gefängnis.

Da in den verwendeten Quellen lediglich die Abschrift des Urteils erhalten geblieben ist, können über den weiteren Haftverlauf von Robert Bannholzer keine Angaben gemacht werden.

Mathias Bauer

Geboren: 14. Februar 1898
Herkunft: Oberösterreich
Ort: Friedburg-Lengau
Ort der Verhaftung: Golling an der Salzach
Beruf: Eisenbahner
Familienstand: verheiratet; elf Kinder von zwei Frauen
(Geburtsdaten unbekannt)
Widerstandsgruppe: Sozialdemokratisch

Mathias Bauer wuchs als Sohn eines Kleinhäuslers in Friedburg-Lengau auf und besuchte dort die Volksschule. Nach der Schule arbeitete er als Knecht bei einem Bauern. Den Ersten Weltkrieg erlebte Bauer als Infanterist an der italienischen Front mit, wo er zwei Mal mit der bronzenen Tapferkeitsmedaille ausgezeichnet wurde.

Nach dem Ersten Weltkrieg nahm Bauer eine Stelle bei der Eisenbahn an und begann, sich in der Sozialdemokratischen Arbeiterpartei zu engagieren. Mit dem BürgerInnenkrieg von 1934 endete seine politische Aktivität. In der Folgezeit verhielt sich Bauer politisch unauffällig. Weder im Austrofaschismus noch in den ersten Jahren des NS-Regimes musste Mathias Bauer Repressionen aufgrund seiner ehemaligen politischen Gesinnung erdulden.

Am 22. Juni 1941 änderte sich dies jedoch. Wegen Magenschmerzen ging Bauer am Abend des 22. Juni in das Halleiner Gasthaus Hauslwirt, um, wie er in seinem Prozess sagte, „einen über den Durst zu trinken". Nach eigenen Angaben hatte Bauer bis etwa 22:00 Uhr drei bis vier Halbe Bier sowie ein paar Viertel Wein konsumiert. In diesem berauschten Zustand geriet Mathias Bauer in Streit mit

Karl Stepani. Bauer soll zu Stepani gesagt haben, dass „er nichts geleistet hat, einen Dreck hat er geleistet".

Im Zuge des Prozesses vom 10. September 1941 erwähnten die vorgeladenen Zeugen immer wieder Bauers Mitgliedschaft in der Sozialdemokratischen Arbeiterpartei in der Ersten Republik. Er wurde als „roter Meckerer" dargestellt, dem nichts recht zu machen sei.

Aufgrund der Aussage, dass „er nichts geleistet hat, einen Dreck hat er geleistet", verurteilte man Bauer zu sechs Monaten Gefängnis. Da in den verwendeten Quellen lediglich die Abschrift des Urteils erhalten geblieben ist, können über den weiteren Haftverlauf von Mathias Bauer keine Angaben gemacht werden.

Dr. Hans Deutsch

Geboren: 3. Dezember 1903
Herkunft: Wien
Ort: Wien
Ort der Verhaftung: Wien
Beruf: Jurist; Kaufmann
Familienstand: getrennt lebend; keine Kinder (ein Kind) (27. März 1942)
Widerstandsgruppe: Konservativ

Geboren wurde Dr. Hans Deutsch am 3. Dezember 1903 in Wien. Ab 1909 besuchte er die Volksschule, anschließend die Mittelschule. Nach der Matura begann er, Jus, Kriminalpsychologie und Kriminalistik an der Universität Wien zu studieren. Daneben besuchte er einige kaufmännische Kurse. Von 1932 bis 1936 absolvierte Deutsch seine Gerichtspraxis. Sein Berufswunsch war Wirtschaftsjurist. Von 1936 bis zum Einmarsch der Nationalsozialisten arbeitete Dr. Deutsch als Rechtskonsulent im österreichischen Siedlerverband. Sofort nach dem Anschluss Österreichs an Hitler-Deutschland verlor er jedoch diese Stelle. Bis 1940 war er als Rechtsanwaltsanwärter bei der Kanzlei Dr. Kaschenrauther beschäftigt. 1940 entließ ihn die Kanzlei aufgrund der Rassengesetze, da er ein „Mischling zweiten Grades" war.

In seinem Antrag für das Opferfürsorgegesetz schildert Dr. Hans Deutsch detailliert seinen politischen Werdegang. „Zur Hochschulzeit war ich Vorsitzender des kath. Juristenvereins. Damals bereits schärfste Stellungnahme in der Öffentlichkeit gegen den Nationalsozialismus. Im Berufsleben jede entsprechende Gelegenheit zur selben Stellungnahme benützt, habe ich schließlich eine Kampfgruppe der monarchistischen Gruppe des Generals Fleischer (getaufter Jude) geführt, wobei es besonders bei Versammlungen zu tätlichen Auseinandersetzungen mit

den Nazis kam. Ich wurde von diesen damals bereits auf die schwarze Liste gesetzt. (Ich erinnere an die betont gehässige Einstellung gegen Monarchisten bei
den Hitlerreden in Wien) Beim Einmarsch der deutschen Truppen mit der Waffe
angetroffen, gelang die Flucht, jedoch angezeigt von Frl. Hörmann (Angestellte
des Siedlerverbandes), von einem SS-Rollkommando unter Führung von Kurz
Tengler verhaftet. Widerstandsmäßig tätig, 1941 in Sprengstoffaffären verwi-
ckelt, gelang es mir, nach achttägigem Verhör die Angelegenheit niederzuschla-
gen, erhielt aber eine Verwaltungsstrafe wegen Aufbewahrung größerer Mengen
hochexplosiver Stoffe und Gefährdung etc. von der Bezirkshauptmannschaft
Leopoldstadt in Wien. 1942 neuerliche Verhaftung durch die Gestapo wegen
staatsfeindlicher Betätigung, Fluchtbegünstigung von Staatsfeinden, Judenbe-
günstigung u. a. m. Ich blieb von da ab dauernd unter Gestapobeobachtung. Verhaftungen durch Brunner I und Brunner II. Ich wurde so lange geschlagen und
gepeinigt, bis ich in eine Irrenanstalt zu Beobachtungen kam. Ärztliche Bestäti-
gungen vorhanden. Anfang 1943 sollte ich in ein KZ abgeschoben werden; ich
konnte flüchten und untertauchen, bis ich, da ich meine gegnerische Tätigkeit
nicht einstellte, im Feber 1945 neuerdings verhaftet wurde. Im März 1945 wurde
ich enthaftet und sollte, obwohl politisch und rassisch verfolgt, zur SS nach Be-
neschau bei Prag einrücken. Trotz Todesstrafe habe ich einstellungsgemäß dieser
Einberufung keine Folge geleistet. Es gelang mir noch einmal die Flucht. Ich hielt
mich in Tirol bis zum Eintreffen der amerikanischen Truppen versteckt. Ich ging
von dort im Juli 1945 nach Salzburg."

In Salzburg zog Dr. Hans Deutsch in die Ganshofstraße im Stadtteil Aiglhof und
arbeitete fortan als Kaufmann.

Gottfried Doppler

Geboren: 3. Oktober 1910
Herkunft: Wien
Ort: Wien
Ort der Verhaftung: Zell am See
Beruf: Automechaniker
Familienstand: verheiratet; zwei Kinder (21. November 1936; 15. Juni 1939)
Widerstandsgruppe: Sozialdemokratisch

Gottfried Doppler ging Mitte der 1930er-Jahre aus beziehungstechnischen Gründen von Wien nach Zell am See. Seine Frau stammte aus dem Pinzgau. Politisch aktiv betätigte sich Gottfried Doppler nicht. Zwar hegte er Sympathien für die Sozialdemokratische Arbeiterpartei, aktives Mitglied in der Partei wurde er jedoch nie. Die Zeit des Austrofaschismus sowie die ersten Jahre der nationalsozialistischen Diktatur konnte er ungestört verbringen.

Am 27. Juni 1941 verhafteten ihn Schergen der Zeller Gestapo jedoch und überstellten ihn umgehend in das Landesgerichtsgefängnis Salzburg. Ihm wurde eine Mitwisserschaft an „staatsfeindlichen Tätigkeiten" vorgeworfen. Arbeitskollegen organisierten eine kleine Widerstandszelle in Zell am See, zu der auch Gottfried Doppler Kontakt hatte. Als die Zelle aufflog, kam Dopplers Mitwisserschaft zutage.

Rund vierzehn Monate wartete Doppler in Salzburg auf seinen Prozess. Erst am 31. August 1942 verurteilte ihn das Landesgericht Salzburg zu drei Jahren und sechs Monaten Zuchthaus. Noch am selben Tag erfolgte seine Überstellung in das Zuchthaus Bernau am Chiemsee. Bis zur Befreiung von amerikanischen Verbänden im Mai 1945 war Gottfried Doppler in Bernau inhaftiert. Am 13. Mai 1945 wurde er endgültig entlassen und konnte wieder nach Hause zu seiner Familie zurückkehren.

Franz Egeo

Geboren: 8. Juli 1912
Herkunft: Kärnten
Ort: Villach
Ort der Verhaftung: Saalfelden
Beruf: Kaminkehrer
Familienstand: verheiratet; zwei Kinder (drei Kinder) (26.August 1931; 2. März 1932) (19. April 1945)
Widerstandsgruppe: Sozialdemokratisch

In der Urteilsbegründung gegen Franz Egeo wird in einem kurzen Absatz sein bisheriger Lebenslauf geschildert. „Der Angeklagte wurde am 8. 7. 1912 als Sohn der Arbeitereheleute Sebastian und Anna Egeo in Villach geboren und dort von seinen Eltern erzogen. Nach dem Schulbesuch kam er zu seinem Bruder nach Graz, wo er das Kaminkehrerhandwerk erlernte. Er bezieht ein monatliches Nettoeinkommen von 140 RM und hat für die Frau und zwei Kinder zu sorgen. Der Angeklagte ist bereits fünfmal gerichtlich vorbestraft. Am 4. 12. 1939 wurde ihm von der Staatsanwaltschaft Salzburg wegen Heimtückeäußerungen, die unter das Straffreiheitsgesetz fielen, eine Verwarnung erteilt. Er war früher beim sozialdemokratischen Gewerkschaftsbund organisiert."

Egeo engagierte sich bereits in der Ersten Republik sowie illegal im Austrofaschismus in der Gewerkschaftsbewegung. Aus dieser Zeit stammen die fünf Vorstrafen. Ernst zu nehmende Repressionen musste Egeo jedoch nie erleiden.

Dies sollte sich erst im August 1941 ändern. Am 8. August 1941 verhaftete die Gendarmerie Egeo in Saalfelden wegen „staatsfeindlicher Äußerungen" und überstellte ihn nach zweieinhalbmonatiger Untersuchungshaft in das Landesgericht Salzburg. Der Prozess gegen Franz Egeo begann Mitte Oktober 1941 und endete nach nur einem Prozesstag mit einer Verurteilung von achtzehn Monaten Gefängnis wegen „Heimtücke". Im Prozess selbst wurden Egeo drei Aussagen angelastet.

Am 10. März 1941 soll Egeo im Zuge seiner Kaminkehrertätigkeit zu Frau Katharina Voithofer aus Wiesing bei Saalfelden gesagt haben, dass der Deutsche zuerst angefangen habe, Städte zu bombardieren und dass sich die Bombardierung von Warschau noch rächen werde. Weiter soll Egeo zu Voithofer gesagt haben, dass die deutschen Truppen vom Krieg schon genug hätten.

Einige Tage nach dem Beginn des Russlandfeldzugs arbeitete Egeo bei der Familie des Schmiedmeisters Josef Gruber in Piesendorf. Die Familie gab im Prozess gegen Egeo zu Protokoll, dass der Angeklagte Folgendes gesagt hätte: „Unsere Truppen haben schon genug bis daher (wobei er eine Bewegung zum Hals hinauf machte). Aus Norwegen sind schon viele deutsche Truppen zum Russen übergelaufen. Das weiß ich aus bestimmter Quelle. Jetzt ist es schon schlechter als im Weltkrieg, weil man die Lebensmittel nicht mehr bekommt, wie man sie im Weltkrieg erhalten hat."

Als dritte Zeugin trat Frau Elisabeth Kröll aus Piesendorf auf. Sie gab an, dass Egeo im Juni 1941 zu ihr gesagt haben soll: „An der Stalin-Linie wird es kein Weichen der Russen geben. Die Deutschen sind gerade gleich wie die Russen, sie machen im Kampf keinen Unterschied und gehen gegen Frauen und Kinder genauso rücksichtslos vor. Der Nationalsozialismus muss unterdrückt werden. Die Welt wird nicht so blöd sein, sich vom Deutschen kommandieren zu lassen. Der Kommunismus ist viel besser als der Nationalsozialismus. Das sieht man ja in Russland, dort lässt sich etwas verdienen."

Wegen dieser drei Äußerungen wurde Egeo, wie bereits erwähnt, zu eineinhalb Jahren Gefängnis verurteilt. Acht Tage nach der Urteilsverkündung überstellte ihn die Gestapo über München nach Landsberg am Lech, wo er in Einzelhaft und unter schwerer körperlicher Arbeit seine Strafe verbüßen musste. Im Mai 1944 wurde Egeo aus der Haft entlassen, jedoch zu Hause unter „Beobachtung" gestellt.

Eduard Erleshofer

Geboren: 27. Dezember 1908
Herkunft: Salzburg
Ort: Salzburg
Ort der Verhaftung: Stadt Salzburg
Beruf: Kupferschmied
Familienstand: verheiratet; keine Kinder
Widerstandsgruppe: Kommunistisch

Im Salzburg der 1920er-Jahre erlernte Eduard Erleshofer in der Landeshauptstadt das Handwerk des Kupferschmieds. Bereits in seiner Lehrzeit begann sich Erleshofer für die kommunistische Idee zu interessieren. 1930 trat er der Kommunistischen Partei Österreich in Salzburg bei. Wirklich aktiv betätigte er sich jedoch nicht in der Partei. Im Austrofaschismus sowie in den ersten Jahren der nationalsozialistischen Diktatur verhielte sich Eduard Erleshofer politisch unauffällig und zurückhaltend.

Politisch aktiv betätigte sich Erleshofer erst ab April 1941. Zuerst weigerte er sich, dem nationalsozialistischen Winterhilfswerk eine Geldspende zu geben sowie für das NS-Regime den Arbeitsdienst zu leisten. Daraufhin verhaftete ihn die Gestapo am 18. April 1941 und nahm ihn in Untersuchungshaft. Von dieser Untersuchungshaft wurde Erleshofer jedoch am 24. Mai 1941 wieder entlassen. Nach etwas mehr als einem Jahr in Freiheit verhaftete man Eduard Erleshofer am 29. Juni 1942 erneut. Nach einem für nationalsozialistische Verhältnisse langen Ermittlungsverfahren wurde Erleshofer nach über fünf Monaten in Untersuchungshaft am 4. November 1942 wegen „Hochverrats" zu sechs Jahren Zuchthaus verurteilt. Durch das Auffliegen der KPÖ-Widerstandszelle 1942 in der Stadt Salzburg flogen auch Erleshofers politische Aktivitäten auf.

Am 21. November 1942 überstellte man ihn zunächst in das Zuchthaus Kaicheim, von dort kam er in das Zuchthaus Straubing, in welchem er erst bei Kriegsende von amerikanischen Truppen befreit wurde.

Nach seiner Befreiung kehrte Eduard Erleshofer nach Salzburg zurück und nahm eine Stelle im Salzburger Magistrat an.

Mathias Flatscher

Geboren: 23. Juli 1884
Herkunft: Pinzgau
Ort: Maishofen
Ort der Verhaftung: Uttendorf im Pinzgau
Beruf: Hilfsarbeiter
Familienstand: ledig; keine Kinder
Widerstandsgruppe: Sozialdemokratisch

Mathias Flatscher wurde als außerehelicher Sohn einer Bahnwärterin in Maishofen geboren. Dort besuchte der die Volksschule und begann sofort nach Beendigung der Schule als Hilfsarbeiter zu arbeiten. Bereits mit 17 Jahren, und damit noch während der Monarchie, trat Flatscher in die Sozialdemokratische Arbeiterpartei ein und blieb bis zu ihrem Verbot im Jahr 1934 Parteimitglied. Als Soldat diente er im Ersten Weltkrieg und wurde mit der bronzenen Tapferkeitsmedaille ausgezeichnet. In der Ersten Republik verurteilte man Flatscher wegen kleiner Delikte wie etwa Betrug und Vergehen nach dem Vagabundengesetz.

Am 12. Juli 1941 verhaftete man Flatscher in den Baracken der Baustelle beim Spullerseewerk und überstellte ihn umgehend ins Landesgericht Salzburg. Grund seiner Verhaftung waren angebliche „Hetzreden", die er in Gegenwart von ArbeitskollegInnen getätigt haben soll. Der überzeugte Nationalsozialist und Parteimitglied Kaspar Eberl gab bei der Gerichtsverhandlung vom 8. Oktober 1941 an, dass er und ein gewisser Alexander Altenberger Zeugen der Hetzreden von Flatscher geworden seien. Seine „Hetzrede" soll folgenden Inhalt gehabt haben:

„Der Russe wird kommen, so sicher wie das Amen im Gebet. Hitler und Göring können nicht verantworten, was sie durch den Krieg angestellt haben, sie sind die größten Volksverbrecher. Der Krieg ist schon zur Zeit der Machtübernahme durch den Führer geplant gewesen und beim Anschluss Österreichs an Deutschland hat der Führer gewusst, dass nun der Krieg bald kommen wird."

Als weiterer Zeuge im Prozess gegen Mathias Flatscher trat noch der SA-Scharführer und DAF-Blockleiter Johann Egger auf. Egger habe zwar die „Hetzrede" von Flatscher nicht gehört, vertraue aber dem Zeugen Eberl. Aufgrund dieses Vertrauens erstattete Egger die Anzeige gegen Flatscher. Mathias Flatscher wurde von der nationalsozialistischen Terrorjustiz wegen dieser „Hetzrede" zu einem Jahr und sechs Monaten Gefängnis verurteilt.

Da in den verwendeten Quellen lediglich die Abschrift des Urteils erhalten geblieben ist, können über den weiteren Haftverlauf von Mathias Flatscher keine Angaben gemacht werden.

Eduard Goldmann

Geboren: 11. Juni 1914
Herkunft: Wien
Ort: Wien
Ort der Verhaftung: Kaprun
Beruf: Verkäufer
Familienstand: verheiratet; ein Kind (6. Jänner 1939)
Widerstandsgruppe: Sozialdemokratisch

Eduard Goldmann wuchs im Roten Wien auf. Früh sozialdemokratisch geprägt war Goldmann von Anfang an ein Gegner des nationalsozialistischen Terrorregimes. Als er von Wien nach Kaprun kam, um beim Bau der Tauernkraftwerke zu helfen, begann er umgehend, gegen das nationalsozialistische Regime zu agitieren. Mit zwei Männern, die sich ebenfalls als Nazigegner ausgaben, hörte er ausländische Sender ab und verglich den Inhalt mit der nationalsozialistischen Propaganda. Aus Angst aufzufliegen, erstatteten die beiden Männer jedoch Selbstanzeige. Beide hüteten sich jedoch davor, Eduard Goldmann schwerer zu beschuldigen und ihn als Rädelsführer zu brandmarken, da sie nicht wussten, wie sich die Sache gegen sie entwickeln würde. Die Gestapo verhaftete ihn am 17. Juli 1941 und lieferte ihn in das Amtsgericht Zell am See ein. Von dort kam er nach Salzburg in das Landesgericht, wo ihm der Prozess gemacht wurde. Im August 1941 verurteilte man Eduard Goldmann zu einer Zuchthausstrafe von eineinhalb Jahren.

Am 30. September 1943 wurde Goldmann wieder in das Polizeigefängnis Salzburg überstellt. Seine Haft wurde nun unterbrochen. Im März 1944 kam Eduard Goldmann in das Konzentrationslager Buchenwald. Er musste in Buchenwald als Schreiber in der Schreibstube arbeiten. Erst mit der Befreiung des Lagers im

April 1945 durch amerikanische Truppen wurde auch Goldmann befreit. Fast vier Jahre ununterbrochener Haft lagen hinter ihm.

Eduard Goldmann ging nach seiner Befreiung nach Salzburg. Sein weiteres Leben widmete er den Opfern der Nazidiktatur. Aktiv engagierte er sich im KZ-Opferverband sowie in der Salzburger SPÖ. Jahrzehntentelang war Eduard Goldmann auch aktives Mitglied im Bund sozialdemokratischer FreiheitskämpferInnen sowie in der Salzburger SPÖ. Über eineinhalb Jahrzehnte war er Vorsitzender der Salzburger FreiheitskämpferInnen. Unermüdlich und noch im hohen Alter kämpfte er gegen das Vergessen. Er besuchte als Zeitzeuge Schulen und war stets die mahnende Stimme gegen das Vergessen der Gräuel des nationalsozialistischen Terrorregimes.

Diese Publikation soll ihm gewidmet sein.

Johann Haas

Geboren: 22. Februar 1906
Herkunft: Pongau
Ort: Hofgastein
Ort der Verhaftung: Burgos (Spanien)
Beruf: Hilfsarbeiter
Familienstand: verheiratet; keine Kinder
Widerstandsgruppe: Kommunistisch (Spanienkämpfer)

Der aus einfachen Verhältnissen stammende Johann Haas begann sich bereits in jungen Jahren für die Politik zu interessieren. Mit 23 Jahren trat er der Kommunistischen Partei Österreich bei und beteiligte sich regelmäßig an Protestkundgebungen sowie an Veranstaltungen. Dieses Engagement brachte Johann Haas sehr bald in gröbere Schwierigkeiten. Bereits am 11. Juli 1930 nahm man ihn aufgrund von „Störung der Ordnung" für einen Tag fest. 1931 verurteilte man ihn zu sechs Wochen Arrest bedingt auf drei Jahre, da er sich angeblich bei einem politischen Tumult aktiv beteiligte. Ab 1932 wurde Haas aufgrund aktiver Teilnahme bei KPÖ-Demonstrationen häufig festgenommen. Zumeist erfolgte die Entlassung jedoch schon nach wenigen Tagen.

Mit dem Ausbruch des BürgerInnenkriegs am 13. Februar 1934 verhaftete man Haas und internierte ihn im Anhaltelager Wöllersdorf. Im Austrofaschismus änderte sich das Leben von Johann Haas drastisch. Als vorbestrafter und bekennender Kommunist verlor er seine Arbeit und musste sich mit Betteln durchschlagen, um nicht zu verhungern. Aufgrund von Betteln wurde Haas am 6. März 1936 in Hallein verhaftet und auch verurteilt.

Mit dem Ausbruch des BürgerInnenkriegs in Spanien sah Johann Haas vermutlich eine Möglichkeit, sich aktiv am Kampf gegen den Faschismus zu beteiligen. Er meldete sich im Juli 1937 freiwillig bei den Internationalen Brigaden. In der Zeit, in der er in der republikanischen Armee diente, wurde er zwei Mal verwundet und geriet am 1. April 1938 in nationalspanische Gefangenschaft. Bis zum September 1941 blieb Johann Haas im Gefangenlager St. Pedro de Gardena bei Burgos interniert. Seine Angaben wurden 1954 von drei ehemaligen Spanienkämpfern, die auch in St. Pedro de Gardena interniert waren, bestätigt.

Haas wurde im Oktober 1941 von der Gestapo in das Polizeigefängnis Salzburg gebracht, in dem er bis zum 26. Jänner 1942 inhaftiert blieb. Am 26. Jänner 1942 wurde Johann Haas in das Konzentrationslager Dachau deportiert, wo er bis zur Befreiung des Lagers im April 1945 bleiben sollte.

Nach der Befreiung kehrte Johann Haas nach Salzburg zurück, nahm eine Arbeit als Bergputzer beim Magistrat an und ließ sich in der Landeshauptstadt nieder.

Engelbert Haslauer

Geboren: 19. September 1914
Herkunft: Flachgau
Ort: Aigen bei Salzburg
Ort der Verhaftung: Salzburg-Aigen
Beruf: Soldat
Familienstand: unbekannt
Widerstandsgruppe: Militärisch

Zum Zeitpunkt seiner Verhaftung war Engelbert Haslauer Kanonier in der deutschen Wehrmacht. Anfang 1940 musste er in Salzburg einrücken, tat dies jedoch nur widerwillig. Bereits im Mai 1940 unternahm er seinen ersten Fluchtversuch von der Truppe. Engelbert Haslauer flüchtete in die Hohen Tauern, wo er sich zumeist in Berghütten versteckt hielt. Im Juni 1940 kam er auf die Federeralpe bei Dienten, wo er am 29. Juni in eine verlassene Hütte einbrach. Dort schlug er einen Holzkoffer auf und entnahm daraus rund zehn Reichsmark, ein paar Bergschuhe, eine Lederhose, Strümpfe, einen Regenmantel, einen Rasierapparat, zwei Uhren und etwas Käse. Am 5. Juli ging er auf die Stegalpe und sprengte abermals einen Koffer. Diesmal erbeutete er rund zwanzig Reichsmark.

Bis zum 22. Juli 1940 arbeitete Haslauer beim Bauern Weiss im Pongau. Da ihn aber der Bauer beim Arbeitsamt anmelden wollte und das für Haslauer als Fahnenflüchtiger die sichere Verhaftung bedeutet hätte, verließ er umgehend den Bauern.

Am 1. August 1940, von Hunger und Entkräftung gezeichnet, versuchte sich Haslauer in Urreiting beim Bauern Hasler einzuschleichen. Er wurde jedoch von der Magd entdeckt, die sofort Alarm schlug. Er musste flüchten und schlug sich in der Folgezeit als Hilfsarbeiter bei verschiedenen Bauern im Tennen- und Flachgau durch.

Am 6. November 1940 wurde er, einen Steinwurf von seinem Geburtshaus entfernt, am Vollererhof in Aigen festgenommen und sofort in militärischen Gewahrsam genommen.

Am 18. April 1941 fand sein Prozess in Salzburg statt. Wegen militärischen Diebstahls und unerlaubter Entfernung verurteilte ihn ein Feldgericht in Salzburg zu fünf Jahren Zuchthaus.

Da in den verwendeten Quellen lediglich das Feldurteil erhalten geblieben ist, können über den weiteren Haftverlauf von Engelbert Haslauer keine Angaben gemacht werden.

Franz Hatzmann

Geboren: 26. November 1901
Herkunft: Oberösterreich
Ort: Dorf an der Pram
Ort der Verhaftung: Mühlbach am Hochkönig
Beruf: Bergarbeiter
Familienstand: verheiratet; ein Kind (zwei Kinder)
(19. Februar 1932; 5. Jänner 1942)
Widerstandsgruppe: Sozialdemokratisch

Bereits in der Ersten Republik war Franz Hatzmann Mitglied der Sozialde-mokratischen Arbeiterpartei. Er trat 1924 in die Partei ein und war bis zu ihrem Verbot 1934 aktives Mitglied. In der Zeit des Austrofaschismus leistete Hatzmann passiven Widerstand, indem er die „staatlichen" Feierlichkeiten des Regimes boykottierte und in Opposition zur Kirche lebte.

Als Österreich im März 1938 Teil des Deutschen Reichs wurde, war Hatzmann von Beginn an ein überzeugter Gegner der nationalsozialistischen Terrordikta-tur. Nach dem Krieg stellte er in seinem Opferfürsorgeantrag fest, dass er sich nie um die Aufnahme in die NSDAP oder deren Gliederungen beworben hat. Diese oppositionelle Haltung gegenüber dem NS-Regime brachte ihn alsbald in große Schwierigkeiten.

Schergen der Gestapo verhafteten Hatzmann am 15. September 1941 und brach-ten ihn in das Landesgericht Salzburg. Seine Verhaftung erfolgte aufgrund von „Geständnissen", die mit großer Wahrscheinlichkeit unter Folter von Wider-standskämpfern der Widerstandszelle Werfen-Sulzau herausgepresst wurden. Hatzmann war eng mit den Mitgliedern der Widerstandszelle befreundet und betätigte sich auch aktiv in diesem Widerstandszirkel.

Die Anklageschrift erhob zwei Punkte gegen Hatzmann:

1.) „Vorbereitung zum Hochverrat"

2.) „Zersetzung der Wehrkraft"

Am 11. Februar 1942 verurteilte ihn der Wiener Senat zu vier Jahren Zuchthaus sowie vier Jahren Ehrverlust. Am 28. März 1942 überstellte man ihn in das Zuchthaus Zweibrücken, in dem er bis zum 10. Mai 1944 inhaftiert blieb. Ab dem 10. Mai 1944 musste Hatzmann in einer Strafkompanie gefährlichste Arbeiten verrichten. Nach der Invasion vom 6. Juni 1944 brachte man ihn in das Zuchthaus St. Louis. Dort befreiten ihn am 22. September 1944 britische Verbände. Da seine Befreier jedoch keine Informationen über Hatzmanns Vorgeschichte hatten, kam er umgehend in britische Kriegsgefangenschaft. Erst am 14. März 1946 entließ man ihn aus der Gefangenschaft und er konnte nach Österreich zurückkehren. Zusammen mit seiner Familie zog er nach Mittersill und arbeitete dort als Betriebsaufseher.

Otto Hinteregger

Geboren: 1883
Herkunft: Vorarlberg
Ort: Bregenz
Ort der Verhaftung: Salzburg
Beruf: Kaufmann
Familienstand: ledig; keine Kinder
Widerstandsgruppe: Individuell

Otto Hinteregger wurde im Jahr 1883 in Bregenz geboren und nach dem Besuch der Volksschule zum Kaufmann erzogen. Nach eigenen Angaben arbeitete er zwischen 1905 und 1919 als Kaufmann in Britisch-Indien und kehrte zu Weihnachten 1919 nach Österreich zurück. In Österreich arbeitete Hinteregger als Uhrmacher, da er eigenen Angaben nach sein gesamtes Vermögen in Indien verloren hatte.

In der Ersten Republik verhaftete man Hinteregger mehrfach wegen Eigentumsdelikten. Vom Landesgericht Innsbruck wurde er am 22. Mai 1934 wegen zahlreicher Einbrüche in Kirchen und Kapellen zu fünfzehn Monaten schweren Kerker verurteilt sowie in ein Arbeitshaus eingewiesen. Es folgten relativ ruhige Jahre, die er ungestört verbrachte. Erst im Mai 1940 bekam er abermals Probleme, diesmal mit der NS-Justiz. Schergen des NS-Regimes verhafteten ihn am 17. Mai 1940.

In der Sondergerichtsverhandlung vom 7. Februar 1941 sagte das Ehepaar Heinrich und Zäzilia Mayer, dass sich Hinteregger staatsfeindlich geäußert haben soll. Heinrich Mayer gab an, dass er Zellenleiter der NSDAP war und seine Frau gab sich als einfaches Parteimitglied aus.

Einen genauen Wortlaut von den mutmaßlichen „staatsfeindlichen Aussagen" Hintereggers gab das Ehepaar Mayer nicht zu Protokoll.

Sie sagten lediglich aus, dass sich der Angeklagte ihnen und ihren Kindern gegenüber kritisch über das NS-Regime geäußert habe.

Da in den verwendeten Quellen lediglich die Abschrift des Urteils erhalten geblieben ist, können über den weiteren Haftverlauf von Otto Hinteregger keine Angaben gemacht werden.

Michael Hohensinn

Geboren: 22. Juni 1896
Herkunft: Oberösterreich
Ort: Aurolzmünster bei Ried im Innkreis
Ort der Verhaftung: Mauterndorf im Lungau
Beruf: Kaufmann
Familienstand: verheiratet; zwei Kinder (drei Kinder) (29. Dezember 1931; 6. November 1936) (1. Oktober 1942)
Widerstandsgruppe: Konservativ

Bereits am 13. März 1938, also nur einen Tag nach dem Anschluss Österreichs an Hitler-Deutschland, verhafteten SA-Schergen Michael Hohensinn und lieferten ihn in das Bezirksgericht St. Michael im Lungau ein. Als Mitglied der christlich-sozialen Partei und Funktionär im Austrofaschismus war Hohensinn den Nazi-Schergen in St. Michael im Lungau ein Dorn im Auge.

Der Haft im Bezirksgericht folgte die Überstellung in das Polizeigefangenenhaus Salzburg. Von dort aus brachte man ihn in das Konzentrationslager Dachau, in dem er bis zum 30. August 1938 interniert blieb.

Nach seiner Freilassung kehrte Michael Hohensinn zurück nach Mauterndorf. Er sollte nun rund drei Jahre relative Ruhe vor dem nationalsozialistischen Terrorregime haben. Am 1. August 1941 brach die Antipathie des NS-Regimes gegenüber Hohensinn jedoch wieder auf. Er wurde verhaftet und abermals nach Salzburg, diesmal in das Landesgericht, gebracht. Am 27. September 1941 enthaftete man ihn wieder. Als man Hohensinn am 1. August 1941 verhaftete, beschlagnahmten NS-Schergen seinen gesamten Besitz sowie das gesamte Vermögen von ihm und seiner Frau. Erst am 23. September 1941 wurden der Besitz sowie das Vermögen wieder freigegeben. Sein Geschäft musste vorübergehend geschlossen werden, da Mitglieder der SA Mauterndorf ihm größere Mengen an Waren gestohlen hatten.

Am 27. Oktober 1941 verhaftete man Hohensinn abermals. Diesmal lautete die Begründung, dass er als Kaufmann in Mauterndorf für die dort ansässige Bevölkerung nicht tragbar sei. Am 17. November 1941 erfolgte seine Enthaftung.

1942 wurden der Familie Hohensinn der Garten und ein Baugrund enteignet. Am 8. Mai 1945 entging Michael Hohensinn nur knapp einem Mordanschlag. SS-Schergen drängten am Tag der Kapitulation in das Geschäft von Hohensinn ein. Mit vorgehaltener Pistole bedrohten sie Hohensinns Frau. Sie wollen Michael Hohensinn „an die Wand stellen". Die Frau verweigerte jedoch die Auskunft. Dadurch überlebte Michael Hohensinn. Er blieb in Mauterndorf und betrieb weiter seinen Kaufmannsladen.

Georg Höllbacher

Geboren: 26. März 1910
Herkunft: Tennengau
Ort: St. Koloman
Ort der Verhaftung: Krems (Niederösterreich)
Beruf: Hilfsarbeiter
Familienstand: ledig; keine Kinder
Widerstandsgruppe: Sozialdemokratisch

Georg Höllbacher war in der Ersten Republik jahrelang Mitglied der Sozialdemokratischen Arbeiterpartei. Erst mit dem BürgerInnenkrieg von 1934 und dem damit einhergehenden Verbot der Partei endete auch Höllbachers Engagement.

Georg Höllbacher war als Hilfsarbeiter im Eisenwerk Werfen-Sulzau beschäftigt. Dort lernte er seine Arbeitskollegen Robl, Weiß und Schmidhuber kennen. Freundschaften zwischen den Männern entstanden und man schloss sich zur Widerstandszelle Werfen-Sulzau zusammen.

Wie auch die anderen Mitglieder der Widerstandsgruppe verhaftete die Gestapo Höllbacher im August 1941 und überstellte ihn ins Landesgericht Salzburg. Aufgrund von „Vorbereitung zum Hochverrat" verurteilte ihn der Wiener Senat am 13. Februar 1943 zu vier Jahren und sechs Monaten Zuchthaus sowie zu fünf Jahren Ehrverlust. In einer Niederschrift vom 16. März 1953 betreffend um Ansuchen einer Haftentschädigung schildert Georg Höllbacher die weiteren Jahre bis Kriegsende: „Ich wurde aus der Strafanstalt Salzburg am 14. März 1942 in die Strafanstalt Zweibrücken überstellt. Dort verblieb ich vom 28. März 1942 bis zum 27. Juni 1943. In der Zeit vom 14. März 1942 bis zum 28. März 1942 befand ich mich während des Transportes in verschiedenen Strafhäusern, wie München, Würzburg und Mannheim. Von der Strafanstalt Zweibrücken wurde ich am 27. Juni 1943 zur Strafeinheit Bewährungsbataillon 999 auf den Truppenübungsplatz Heuberg versetzt ... Dann ging es in den Fronteinsatz nach Griechenland und später nach Russland. Nachdem sich die Einheit teils durch Versetzungen teils durch Verluste sehr stark dezimiert hatte, wurde sie zur Neuauffüllung nach Baumholder an der Nahe zurückgezogen ... Im Juni 1944 ging es dann neuerlich nach Griechenland zum Fronteinsatz. Am 14. September wurde ich von den Griechen bei Volos gefangen genommen."

Seine Widerstandskollegen Weiß und Schmidhuber bestätigten die Angaben von Georg Höllbacher. Nach dem Ende des Kriegs ließ sich Georg Höllbacher in Hofgastein nieder.

Mathilde Jelinek

Geboren: 9. März 1914
Herkunft: Salzburg
Ort: Stadt Salzburg
Ort der Verhaftung: Stadt Salzburg
Beruf: Büroangestellte
Familienstand: ledig; keine Kinder
Widerstandsgruppe: Religiös

Mathilde Jelinek wurde gemeinsam mit ihrer Mutter, Mathilde Jelinek sen., am 24. Mai 1940 als Angehörige der Internationalen Bibelforscher Vereinigung von der Salzburger Gestapo verhaftet und umgehend ins Polizeigefängnis Salzburg gebracht. Drei Tage später, am 27. Mai 1940, überstelle man Mathilde Jelinek in das Landesgericht Salzburg. Rund sechs Wochen nach ihrer Verhaftung fand ihr Prozess statt.

Der Auslöser für die Verhaftung von Mutter und Tochter Jelinek war ein Brief, den Mathilde Jelinek jun. unter Anleitung der Mutter im Mai 1940 an eine Glaubensschwester in Linz, Anna Svetlik, schrieb. Anna Svetlik fragte im vorangegangenen Brief, ob eine Aufnahme in der Salzburger Gemeinde möglich wäre, da die Situation in Linz sich immer prekärer entwickelte. Als Antwort gaben Mathilde Jelinek jun. und sen. zu Papier, dass auch die Situation in Salzburg sehr schwierig und kompliziert sei. In einem Absatz des Briefes kam die ablehnende Haltung der beiden Frauen gegenüber dem NS-Regime besonders zum Ausdruck:
„Und wo finden wir immer wieder Trost und Fülle, als in der Heiligen Schrift. Wir müssen daher treu sein und an seiner Seite siegen und kein Bündnis mit der Teufelorganisation schließen."

Aufgrund dieser Korrespondenz zwischen Jelineks und Svetlik wurde Mathilde Jelinek jun. am 10. Juli 1940 wegen „Wehrkraftzersetzung" und „Wehrdienstverweigerung" zu acht Monaten Gefängnis verurteilt.

Umgehend nach dem Absitzen ihrer Strafe wurde Mathilde Jelinek jun. am 23. Januar 1941 wieder in das Polizeigefängnis Salzburg gebracht. Sie sollte nun ohne Prozess und Anklage in ein Konzentrationslager deportiert werden. Nur durch die Vermittlung und den persönlichen Einsatz ihres damaligen Arbeitgebers, Herrn Hammerer, wurde sie am 30. Jänner 1941 endgültig aus der Haft entlassen. Mathilde Jelinek jun. stand aber nach ihrer Entlassung unter ständiger Beobachtung durch die Gestapo. Im Februar 1942 erhielt sie vom Arbeitsamt einen Einrückungsbefehl zur Flak, den aber wiederum Herr Hammerer durch geschickten Einsatz verhindern konnte. Die restliche Zeit des NS-Terrorregimes konnte Mathilde Jelinek jun. zum Glück unbehelligt überstehen.

Max Just

Geboren: 24. Oktober 1907
Herkunft: Oberösterreich
Ort: Bad Ischl
Ort der Verhaftung: Insel Guernsey
Beruf: Tischler
Familienstand: verheiratet; ein Kind (30. Juli 1939)
Widerstandsgruppe: Militärisch

In der Ersten Republik sowie in der Zeit des Austrofaschismus trat Max Just politisch nicht in Erscheinung. Erst mit seiner Einberufung in die deutsche Wehrmacht im Jänner 1940 sollte sich dies ändern. Lorenz Obermaier, Zellenkassier der revolutionären Sozialisten Salzburgs, gab am 22. November 1952 im Zuge des Opferfürsorgeantrages von Just zu Protokoll, dass dieser seit Oktober 1940 Mitglied der revolutionären Sozialisten war und seitdem auch Mitgliedsbeiträge bezahlt hatte.

1941 wurde Just auf die von den Nationalsozialisten besetzten Kanalinseln versetzt. Auf Guernsey begann sich Max Just schnell mit der einheimischen Bevölkerung anzufreunden. Aus diesem Anfreunden entwickelte sich rasch ein intensiver Gesprächsaustausch sowie Briefkontakt und Freundschaft. Beim Briefkontakt beging Max Just jedoch einen folgenschweren Fehler. Anstatt die Briefe über die englische Zivil-Inselpost zu versenden, gab er sie mit der Feldpost auf. Diese unterlief natürlich der strengen deutschen Zensur. Justs Briefe wurden an die Feldpolizei weitergeleitet. Diese verhaftete ihn am 5. August 1943 und stellte ihn vor ein Militärgericht.

Das Militärgericht auf Guernsey verurteilte ihn wegen „Hochverrats" zu fünf Jahren Gefängnis. Just hatte jedoch unbeschreibliches Glück, dass dem Militärgericht nicht seine Mitgliedschaft zu den revolutionären Sozialisten bekannt war. Mit großer Wahrscheinlichkeit hätte man ihn sonst sofort zum Tode durch Erschießen verurteilt. Das Urteil von fünf Jahren stieß vor allem beim Kompaniekommandanten von Just, Hauptmann Neulinger, auf Unverständnis. Für Neulinger war das Strafmaß viel zu milde. „In Anbetracht der gegnerischen Einstellung gegen das nationalsozialistische Regime ist für den Salonbolschewisten die Todesstrafe noch zu milde."

In einem Brief um Ansuchen auf Aufnahme in den KZ-Verband schilderte Max Just seine weiteren Erlebnisse:

„Vom 5. August 1943 bis zum 17. Oktober 1943 Wehrmachtsgefangenenlager Guernsey. 17. Oktober 1943 bis zum 26. Oktober 1943 Wehrmachtsgefangenenlager Fresnes Paris. 27. Oktober 1943 bis zum 6. Februar 1944 Wehrmachtsgefangenenlager Bruchsal. Von dort erfolgte die Überstellung zur Feldstrafabteilung 18 Ukraine. September 44 neuerliche Überstellung an das Wehrmachtsgefangenenlager Bruchsal. 1. Februar 1945 erfolgte vom Kreisgericht Strafaussetzung zur Frontbewährung und Überstellung zur Pionierabteilung 80 von dort desertierte ich während eines Einsatzes in Wien am 4. April 1945 und hielt mich bis Kriegsende in der Nähe Salzburgs auf und verborgen, um so (sic!) den Schiksal (sic!) des sonst sicheren Todes zu entgehen".

Nach den traumatischen Erlebnissen, die Just erleiden musste, kehrte er nach seiner Freilassung wieder nach Salzburg zurück. Dort ging er seinem alten Beruf, den er bereits vor dem Zweiten Weltkrieg ausgeübt hatte, nach. Er arbeitete wieder als Betriebsmaler in der Stieglbrauerei Salzburg.

Josef Klaushofer

Geboren: 1. Jänner 1909
Herkunft: Pongau
Ort: Werfen
Ort der Verhaftung: Werfen-Sulzau
Beruf: Eisengießer
Familienstand: verheiratet; ein Kind (5. Oktober 1935)
Widerstandsgruppe: Gewerkschaftlich

In der ersten Republik trat Josef Klaushofer politisch nicht in Erscheinung. Unauffällig arbeitete er im Eisenwerk Werfen-Sulzau, wo er als Eisengießer beschäftigt war. Wahrscheinlich erst mit dem Anschluss Österreichs begann er sich gewerkschaftlich zu engagieren. Zusammen mit Ferdinand Robl gründete er die Widerstandszelle Werfen-Sulzau.

Rund eineinhalb Jahre nach der Gründung der Widerstandszelle bekam Klaushofer große Probleme mit der nationalsozialistischen Terrorjustiz. Als die Widerstandsgruppe im August 1941 von Schergen der Gestapo enttarnt wurde, verhaftete man Klaushofer am 18. August 1941 und brachte ihn umgehend in das Polizeigefängnis Salzburg. Im Prozess gegen Schmidhuber, Höllbacher, Weiß und Krenmaier verurteilte man Klaushofer zu sechs Jahren Zuchthaus sowie sechs Jahren Ehrverlust. Da Klaushofer eine im Strafrahmen ähnlich hohe Strafe wie Ferdinand Robl bekam, wurde er von den Nationalsozialisten wahrscheinlich als „zweiter Mann" der Widerstandsgruppe gesehen.

Josef Klaushofer wurde umgehend nach seiner Verurteilung in das Gefängnis Dieburg nach Hessen gebracht und dort inhaftiert. Über drei Jahre sollte er in Dieburg inhaftiert bleiben. Erst mit der Befreiung des Gefängnisses durch amerikanische Verbände am 25. März 1945 endeten die Qual und das Leid für Josef Klaushofer.

Nach seiner Freilassung kehrte Josef Klaushofer umgehend nach Werfen zurück, wo er seine alte Arbeitsstelle als Eisengießer im Eisenwerk Werfen-Sulzau wieder aufnahm.

Rudolf Krenmaier
(Krenmayr)

Geboren: 24. November 1899
Herkunft: Oberösterreich
Ort: Braunau am Inn
Ort der Verhaftung: Werfen-Sulzau
Beruf: Bäcker
Familienstand: verheiratet; ein Kind (zwei Kinder)
(26. August 1935; 24. Mai 1946)
Widerstandsgruppe: Sozialdemokratisch

Rudolf Krenmaier war ebenfalls ein Mitglied der Widerstandszelle Werfen-Sulzau. Krenmaier war zwar nicht direkt im Eisenwerk beschäftigt, er hatte eine eigene Bäckerei. Kontakt mit den anderen Mitgliedern der Widerstandszelle hatte er jedoch durch seine politische Gesinnung. Zwar war Krenmaier nie aktives Mitglied der Sozialdemokratischen Arbeiterpartei, trotzdem pflegte er in der Ersten Republik engste Kontakte mit ihren Funktionären.

Zusammen mit seinen Widerstandskollegen verhaftete die Gestapo Krenmaier am 19. August 1941 und brachte ihn umgehend in das Landesgericht Salzburg. Dort wurde er am 13. Februar 1942 vom Wiener Senat zu drei Jahren Zuchthaus sowie drei Jahren Ehrverlust verurteilt. Auch Krenmaier verurteilte man wegen „Vorbereitung zum Hochverrat" sowie wegen „kommunistischer Umtriebe".

Für Krenmaier bedeutete dieser Urteilsspruch nicht nur das Absitzen einer Gefängnisstrafe. Er und seine Frau Maria Krenmaier verloren das Recht, die Bäckerei weiterzuführen. Ein Bescheid vom 29. April 1943 stellt klar, dass der Pongauer Landrat Rudolf Krenmaiers Gewerbeschein für das Bäckergewerbe mit dem Standort Tenneck Nr. 53 für immer entzieht. Krenmaiers Frau durfte den Betrieb nicht weiter fortführen. Die Lokalität, das Inventar sowie alle Angestellten des Krenmaier'schen Betriebes wurden Rupert Herzgsell übertragen.

Bis zum 14. März 1942 inhaftierte man Krenmaier im Landesgefangenenhaus Salzburg. Danach kam er in das Zuchthaus Zweibrücken, in dem er bis zum 27. Juni 1943 inhaftiert blieb. Analog zu seinen Kollegen Schmidhuber, Weiß und Höllbacher wurde auch Rudolf Krenmaier zum Strafbataillon 999 abgestellt. Nach eigenen Angaben wurde Krenmaier jedoch im Oktober 1943 aus dem Strafbataillon wegen politischer Unzuverlässigkeit wieder entlassen. Daraufhin brachte man ihn nach Frankreich in ein SS-Arbeitslager, wo man ihn zum Bunkerbau und zum Ausgraben von Blindgängern einteilte. Erst im Mai 1945 wurde Rudolf Krenmaier von kanadischen Verbänden in Holland befreit. Daraufhin kehrte er nach Werfen zurück und eröffnete wieder seine Bäckerei.

Regine Kucera
geb. Kästenbauer

Geboren: 4. Juli 1912
Herkunft: Wien
Ort: Wien, 11. Bezirk
Ort der Verhaftung: Wien, 11. Bezirk
Beruf: Studentin; Lehramt Mathematik und Darstellende Geometrie
Familienstand: verheiratet; keine Kinder
Widerstandsgruppe: Kommunistisch

Bereits als Studentin war Regine Kästenbauer aktives Mitglied der Kommunistischen Partei Österreich. Aufgrund ihrer Mitgliedschaft in der KPÖ verhaftete die Gestapo sie am 14. November 1938 und inhaftierte sie im Polizeigefängnis Rossauer Lände. Im August 1939 überstellte man sie in das Landesgericht Wien, in welchem sie über ein Jahr ohne Prozess sowie Anklage eingesperrt blieb. Anfang Oktober 1940 brachte man sie nach Berlin-Charlottenburg, wo ihr nun nach fast zwei Jahren Untersuchungshaft ein Prozess gemacht wurde.

Am 16. Mai 1941 verurteilte sie der Berliner Senat II, der unter dem Vorsitz des späteren Reichsjustizministers Otto Georg Thierack tagte, wegen „Vorbereitung zum Hochverrat" zu fünf Jahren Zuchthaus. Die rund dreißig Monate Untersuchungshaft rechnete man ihr nicht an.

Am 16. Juli 1941 deportierte man sie ins Zuchthaus Aichach in Bayern. Im Juli 1944 kam Regine Kästenbauer in ein Arbeitslager nach Kolbermoor bei Rosenheim, in welchem sie Gasmasken herstellen musste. Kurz vor Ende des Kriegs kam sie am 24. April 1945 in das Lager Lebenau in Laufen. Rund zwei Wochen später befreiten amerikanische Verbände Kästenbauer.

Entlassen wurde sie am 8. Juni 1945. Ihr erster Weg führte sie nach Salzburg, wo sie sich auch niederließ.

Georg Lacher

Geboren: 31. März 1914
Herkunft: Oberösterreich
Ort: Rabenschwand-Oberhofen
Ort der Verhaftung: Albi (Département Tarn; Frankreich)
Beruf: Maurer
Familienstand: ledig; keine Kinder
Widerstandsgruppe: Kommunistisch (Spanienkämpfer)

Georg Lachers politische Heimat war von jeher die Kommunistische Partei Österreich. Aufgrund der ständigen politischen Verfolgung, der er in der Ersten Republik und insbesondere im Austrofaschismus ausgesetzt war, meldete sich Lacher mit 24 Jahren freiwillig zu den Internationalen Brigaden in Spanien. Am 31. August 1937 kam er in Spanien an und kämpfte bis zur Niederlage gegen Franco für die republikanischen Truppen. Am 6. Februar 1939 kam Georg Lacher nach Frankreich. Dort brachte man ihn umgehend in ein französisches Internierungslager. Als Frankreich im Juni 1940 kapitulierte, bedeutete dies für den Spanienveteranen und den Kommunisten Lacher eine deutliche Verschärfung seiner Lage. Am 11. September 1940 wurde Georg Lacher vom Internierungslager Albi dem Sicherheitsdienst (SD) übergeben und in das Gefängnis Chalons-sur-Saône überstellt. Nach zwölf Tagen in Chalons-sur-Saône brachte man ihn nach Kehl am Rhein. Dort nahm man ihn in Schutzhaft. Nach neun Tagen in Kehl kam Lacher über die Gefängnisse Karlsruhe, Bruchsaal, Ingolstadt und München nach Wien. Dort lieferte man ihn Mitte Oktober in das Polizeigefängnis ein. In den Morgenstunden des 8. November 1940 steckte man Lacher in einen Sammeltransport und brachte ihn in das Polizeigefängnis Salzburg. Dort war er bis zum 18. Jänner 1941 in Haft. Am 18. Jänner 1941 folgte ein weiterer Sammeltransport, diesmal in das Konzentrationslager Dachau. Georg Lacher blieb jedoch nur kurze Zeit in Dachau. Am 10. März 1941 wurde er weiter in das Konzentrationsaußenlager Gusen I deportiert. Die nächsten vier Jahre und eineinhalb Monate verbrachte Georg Lacher in Gusen I. Unter unmenschlichen Arbeitsbedingungen musste er dort Sklavenarbeit verrichten. Erst mit der Befreiung durch amerikanische Verbände im Mai 1945 endete der jahrelange Albtraum für ihn.

Nach dem Krieg ließ sich Georg Lacher in Salzburg-Gnigl nieder und begann als Schaffner bei den ÖBB zu arbeiten.

Georg Lachers Mutter, Maria Lacher (wohnhaft in Salzburg-Gnigl), ließ das Schicksal ihres Sohnes zu keiner Zeit eine Ruhe. Sie versuchte, alles in ihrer Macht Stehende zu unternehmen, um ihren Sohn aus der Haft sowie aus dem Konzentrationslager zu holen. Aus diesem Grund verfasste sie im Dezember 1942 oder im Jänner 1943 einen Brief an den Salzburger Gauleiter mit der Bitte, dass er sich um die Freilassung ihres Sohnes bemühen solle. Am 15. Jänner 1943 erhielt sie die Antwort, in der „der Gauleiter ihre Sorgen versteht", jedoch die Freilassung ihres Sohnes nicht anordnen kann.

Felix Lackner

Geboren: 8. November 1910
Herkunft: Salzburg
Ort: Stadt Salzburg
Ort der Verhaftung: Auf dem Gebiet der heutigen Niederlande
Beruf: Friseur
Familienstand: verheiratet; ein Kind (15. Mai 1941)
Widerstandsgruppe: Kommunistisch

Felix Lackners politische Heimat war von jeher der Kommunismus. Zwar war er in der Ersten Republik kein Parteimitglied der KPÖ, trotzdem engagierte er sich für die Partei. Er marschierte bei Demonstrationen mit und spendete kleinere Geldbeträge. Durch seine politische Einstellung bekam Lackner unmittelbar nach dem Anschluss Österreichs an Hitler-Deutschland schwerwiegende Probleme. Laut Aussagen des Vorsitzenden der kommunistischen Ortsgruppe Salzburg-Maxglan, Josef Hofkirchner, sollte Lackner im April 1938 in das Konzentrationslager Dachau deportiert werden. Hofkirchner bekam diese Informationen von einem Funktionär der NS-Ortsgruppenleitung. Dieser Funktionär ließ jedoch die Möglichkeit durchblicken, dass sich Lackner der Verhaftung und der damit verbundenen Deportation durch einen Beitritt zur Sturmabteilung (SA) entziehen könne. Nach langem Überlegen und durch Interventionen von Hofkirchner sowie anderen kommunistischen Genossen willigte Lackner schließlich ein und trat der SA bei.

In den kommenden zwei Jahren betätigte sich Lackner nicht politisch. Er ging seiner Arbeit nach und versuchte, ein normales Leben zu führen.

Im August 1940 änderte sich dies jedoch, da er nun offiziell der Kommunistischen Partei beitrat und nun einen regelmäßigen Mitgliedsbeitrag von einer Reichsmark bezahlte. Er beteiligte sich nun aktiv in der KPÖ und setzte sich für ein freies Österreich ein.

Dieses Engagement konnte er fast genau ein Jahr, bis zum 1. August 1941, fortsetzen. Am 1. August 1941 wurde Lackner zur deutschen Wehrmacht eingezogen. Auch als Soldat versteckte Lackner seine ablehnende Haltung zum NS-Regime nicht. In seiner Anklageschrift wurde ihm neben „Hochverrat" auch „Zersetzung der Wehrkraft" vorgeworfen, da er gegenüber Kameraden staatsfeindliche Aussagen tätigte.

Als die kommunistische Widerstandsgruppe in Salzburg 1942 durch einen NS-Spitzel verraten und zerschlagen wurde, überführte man auch Felix Lackner, der KPÖ angehört zu haben.

Umgehend verhaftete man ihn bei seiner Einheit in Holland und überstellte ihn nach Salzburg. Dort machte man ihm bereits im Mai 1942 den Prozess wegen „Hochverrats". Am 27. Mai 1942 wurde Felix Lackner zu insgesamt sechs Jahren Zuchthaus verurteilt. Noch am Tag seiner Verurteilung kam er in die Strafanstalt Straubing, in der er seine Strafe antrat.

Durch den für die Nationalsozialisten negativen Kriegsverlauf wurde Lackner trotz ausdrücklicher Wehrunwürdigkeit im März 1944 zum Strafbataillon 999 abgestellt und zur griechischen Front abkommandiert. Dort geriet er in griechische Gefangenschaft und kehrte im Herbst 1945 nach Salzburg zurück.

Ernst Lassacher

Geboren: 13. Dezember 1908
Herkunft: Pinzgau
Ort: Mittersill im Pinzgau
Ort der Verhaftung: Stuhlfelden im Pinzgau
Beruf: Arbeiter
Familienstand: verheiratet; keine Kinder
Widerstandsgruppe: Individuell

Ernst Lassacher, Steinhauer aus Stuhlfelden im Oberpinzgau, tätigte bei der Wildbachverbauung in Piesendorf-Aufhausen am 14. Mai 1941 gegenüber seinen Arbeitskollegen folgende Aussage: „Fritz, jetzt mußt (sic!) du dem Heß seine Stelle vertreten, pack'z'samm (sic!) und schau, daß (sic!) du weiter kommst – jetzt sollen noch ein paar versagen, nachher wäre der Krieg aus."

Aufgrund dieser Aussage verhaftete die Gestapo Lassacher am 22. Mai 1941 und überstellte ihn in das Polizeigefängnis Salzburg.

Da lediglich das Fernmeldeschreiben der Gestapo über die durchzuführende Festnahme von Lassacher erhalten ist, können über den Prozess, das Strafausmaß sowie den weiteren Haftverlauf keine Angaben gemacht werden.

Maximilian Lichtmanegger

Geboren: 26. Februar 1902
Herkunft: Tirol
Ort: Maria Stein bei Kufstein
Ort der Verhaftung: Eben im Pongau
Beruf: Eisenbahner
Familienstand: verheiratet; sechs Kinder (Geburtsdaten unbekannt)
Widerstandsgruppe: Sozialdemokratisch

Maximilian Lichtmanegger kam als Sohn eines Bahnrichters in Maria Stein bei Kufstein zur Welt und verbrachte dort auch seine gesamte Jugend. Nach seiner Schulausbildung ergriff er den Beruf seines Vaters und arbeitete als Bahnangestellter in verschiedenen Orten Tirols. 1930 kam er nach Eben im Pongau und ließ sich dort nieder. Politisch trat Lichtmanegger kaum in Erscheinung. Er war während der Ersten Republik zwar Parteimitglied der Sozialdemokratischen Arbeiterpartei, aktiv engagierte er sich jedoch nicht.

Im März 1941 verhaftete die Gestapo den völlig überraschten Lichtmanegger und überstellte ihn in das Landesgericht Salzburg. Bereits am 19. März 1941 machte man ihm wegen „Heimtücke" den Prozess.

Karl Haumberger, ein Arbeitskollege von Lichtmanegger, trat als Hauptzeuge gegen ihn auf. Lichtmanegger sollte Haumberger zwei Gerüchte weitererzählt haben. Das erste Gerücht handelte von einem vermeintlichen Unglück eines Kinderferienzuges. „Vom Oberlehrer der Volksschule habe Lichtmanegger erfahren, dass ein Kinderferienzug verunglückt sei. Er schenkt der Darstellung der Propaganda (Unfall des Kinderferienzuges) jedoch keinen Glauben. Er ist sich sicher, dass der Zug aufgrund eines britischen Fliegerangriffes verunglückt sei."

Das zweite Gerücht wurde Lichtmanegger von seiner Frau, Antonia Lichtmanegger, erzählt. Sie habe auf einer Bahnfahrt ins Zillertal gehört, dass preußische Offiziere angeblich Tiroler Soldaten in der Garnison in Schwarz schikanierten. Aufgrund des Weitererzählens dieser beiden Gerüchte verurteilte man Maximilian Lichtmanegger zu sechs Monaten Gefängnis.

Da in den verwendeten Quellen lediglich die Abschrift des Urteils erhalten geblieben ist, können über den weiteren Haftverlauf von Maximilian Lichtmanegger keine Angaben gemacht werden.

Josef Lueginger

Geboren: 19. Juli 1893
Herkunft: Pinzgau
Ort: Leogang
Beruf: Hilfsarbeiter
Familienstand: ledig; keine Kinder
Widerstandsgruppe: Individuell

Josef Lueginger wurde in Leogang als Sohn eines Oberlehrers geboren. Nach der Volksschule begann er eine Kellnerlehre. Im Ersten Weltkrieg diente Lueginger beim „Ulanenregiment Nummer 6" und kämpfte an der russischen Front, wobei er auch in Kriegsgefangenschaft geriet. Nach seiner Rückkehr nach Österreich schlug er sich als Hilfsarbeiter in diversen Berufen durch. Zuletzt „arbeitete" er eigenen Angaben zufolge als Jäger von Schlangen und Katzen. Von 1921 bis 1929 war er Mitglied der Sozialdemokratischen Arbeiterpartei. Politisch fiel er nicht auf. Laut Gerichtsprotokoll war Josef Lueginger 16 Mal vorbestraft. Die Vorstrafen hatten jedoch keinen politischen Hintergrund, sondern waren ausschließlich Delikte eines Kleinkriminellen (Diebstahl, Betrug, etc.).

In der Sondergerichtsverhandlung vom 16. April 1941 wurden ihm angebliche „staatsfeindliche Äußerungen" vorgeworfen, welche Lueginger im Gasthaus „Husaren" getätigt haben soll. Im Prozess gab Lueginger an, sich die angeblichen Aussagen nicht erinnern zu können, da er an diesem Abend sehr betrunken war.

Drei „Zeugen" belasten Josef Lueginger jedoch schwer. Max Kohlstätter gab zu Protokoll, dass Lueginger bei den Worten „es ist alles erlogen, alles Schwindel" zum Radioapparat ging, ihn ausschaltete und sagte: „sie sollen uns die Freiheit geben, die sie uns raubten". Maritius Dottolo bestätigte Kohlstätters Aussage.

Dottolo fügte seiner Aussage noch eine Aussage über eine angebliche Schmähung Luegingers über Göring hinzu. Laut Lueginger müsste man sich für Göring schämen. Heinrich Frauscher stimmte den Aussagen von Kohlstätter und Dottolo zu und fügte selbst ebenfalls eine weitere Anschuldigung hinzu. Laut Frauscher äußerte sich Lueginger abfällig über die „Rückwanderer". Diese seien laut Lueginger nur zum Fressen da.

Aufgrund dieser Aussagen verurteilte man Josef Lueginger wegen „staatsfeindlichen Aussagen" am 16. April 1941 zu zehn Monaten Gefängnis.

Da in den verwendeten Quellen lediglich die Abschrift des Urteils erhalten geblieben ist, können über den weiteren Haftverlauf von Josef Lueginger keine Angaben gemacht werden.

Elisabeth Mayr

Geboren: 17. Jänner 1897
Herkunft: ehemaliges Kaiserreich Österreich-Ungarn
Ort: Szekesut
Ort der Verhaftung: Prag
Beruf: Fotografin; Stenotypistin
Familienstand: ledig; keine Kinder
Widerstandsgruppe: Individuell

Im monarchischen Österreich-Ungarn geboren, erlernte Elisabeth Mayr in der Zeit des Ersten Weltkriegs den Beruf der Fotografin. Nach dem Zerfall der Habsburgermonarchie ging Mayr Anfang 1919 nach Wien, um dort Arbeit zu finden. Wirtschaftliche Probleme sowie gesellschaftliche Hürden zwangen sie 1926 jedoch zur Übersiedelung in die Tschechoslowakei.

Dort konnte Mayr endlich als selbstständige Fotografin arbeiten. Mit der Annexion der Tschechoslowakei im Jahr 1938 durch das nationalsozialistische Regime entstanden Mayr zunächst keine gröberen Schwierigkeiten. Erst als sie 1941 als Beamtin in das Landwirtschaftsministerium wechselte, zeigten sich immer mehr Konfliktlinien zwischen ihr und dem nationalsozialistischen Terrorregime. Im Jahr 1941 wurde sie gerichtlich vorgeladen und stundenlang im Prager Hauptquartier der Gestapo verhört. Zu einer Anklage gegen Elisabeth Mayr kam es jedoch noch nicht. Rund drei Jahre später sollten jedoch eine Anklage und ein dramatischer Prozess folgen.

Am 17. Juni 1944 verhaftete die Gestapo Elisabeth Mayr. Sie hatte eine kleine Gruppe von JüdInnen bei sich beherbergt. Da sie „Reichsfeinden" Unterschlupf gewährte, verurteilte sie ein Sondergericht in Prag in erster Instanz zum Tode.

Neben dem Todesurteil wurde auch das gesamte Vermögen von Elisabeth Mayr (die Wohnung, die Kleider, das Geld, die Ausstattung des Fotoateliers etc.) beschlagnahmt. Nur aufgrund einer Intervention eines Verwandten, der wahrscheinlich sehr gute Beziehungen zur NS-Justiz in Prag hatte, wurde die Todesstrafe nach dreieinhalb Monaten in der Todeszelle in eine Zuchthausstrafe von zehn Jahren umgewandelt. Am 10. August 1944 kam Elisabeth Mayr in das Zuchthaus Aichach in Oberbayern.

Bis zur Befreiung des Zuchthauses durch amerikanische Truppen Ende April 1945 war Mayr in Aichach interniert. Am 17. Mai 1945 entließ man sie völlig unterernährt und mittellos aus der Gefangenschaft. Sie kam Ende Mai nach Salzburg, wo sie trotz ihrer körperlichen Schwäche bereits Ende Juni 1945 eine Arbeit als Stenotypistin annehmen musste, um eine neue Existenz aufbauen zu können. Ihr Einkommen zu dieser Zeit betrug lediglich 206 Schilling im Monat.

Friedrich Meinhart &
Maria Meinhart

Geboren: 10. Dezember 1892
Herkunft: Pongau
Ort: Eben bei Altenmarkt
Ort der Verhaftung: Stadt Salzburg
Beruf: Fleischhauer

Geboren: 17. Juli 1900
Herkunft: Salzburg
Ort: Salzburg Stadt
Ort der Verhaftung: Stadt Salzburg
Beruf: Hausfrau

Familienstand: verheiratet; zwei Kinder (14. April 1925; 20. September 1929)
Widerstandsgruppe: Religiös

Friedrich Meinhart begann bereits in jungen Jahren, sich mit der Lehre der Zeugen Jehovas auseinanderzusetzen. Im Alter zwischen 18 und 20 Jahren trat er Jehovas Zeugen bei. Maria Meinhart, geborene Mosauer, trat mit großer Wahrscheinlichkeit ebenfalls im gleichen Alter der Glaubensgemeinschaft bei. Beide lernten sich bei Veranstaltungen der Zeugen kennen und heirateten Anfang der 1920er-Jahre. Sie gründeten eine Familie und in der Zeit der Ersten Republik sowie im Austrofaschismus lebten sie unbehelligt in der Stadt Salzburg.

Mit dem Anschluss Österreichs an Hitler-Deutschland verschlechterte sich ihre Situation jedoch dramatisch. Im restlichen Jahr 1938 konnten sie ihren Glauben noch verstecken, im November 1939 kamen Friedrich und Maria Meinhart jedoch in die Fänge des nationalsozialistischen Terrorregimes.

Beide wurden Anfang November 1939 von der Salzburger Gestapo verhaftet. Ohne Prozess brachte man beide Ende November in unterschiedliche Konzentrationslager. Friedrich Meinhart kam in das Konzentrationslager Sachsenhausen und seine Frau in das Frauenkonzentrationslager Ravensbrück. Maria Meinhart wurde am 29. Mai 1940 wieder „auf Probe" entlassen, musste sich jedoch jeden dritten Werktag bei der Gestapostelle Salzburg melden.

Die Haft von Friedrich Meinhart sollte noch länger dauern. Erst am 5. Juli 1941 wurde er aus der Schutzhaft entlassen und konnte zu seiner Familie zurückkehren. Auch er musste sich jeden dritten Werktag bei der Gestapostelle Salzburg melden.

Die restlichen rund vier Jahre bis Kriegsende versuchten beide unauffällig zu überstehen. Dies gelang ihnen auch, da keine weiteren Repressalien des NS-Regimes gegen Friedrich und Maria Meinhart bekannt sind.

Anton Niedermüller

Geboren: 12. Juni 1897
Herkunft: Flachgau
Ort: Nußdorf bei Salzburg
Ort der Verhaftung: Unbekannt
Beruf: Hilfsarbeiter
Familienstand: geschieden; keine Kinder
Widerstandsgruppe: Militärisch

Bereits in der Ersten Republik engagierte sich Anton Niedermüller in der Sozialdemokratischen Arbeiterpartei. Von Oktober 1932 bis Februar 1934 war er aktives Mitglied der Partei.

Im Zusammenhang mit dem Anschluss 1938 wurde Niedermüller automatisch Soldat der deutschen Wehrmacht.

Seine oppositionelle Haltung gegenüber dem NS-Regime kommunizierte er auch vor seinen Wehrmachtskameraden. 1939 äußerte sich Niedermüller kritisch und abfällig gegenüber Kameraden über die nationalsozialistische Führung. Umgehend verhaftete man Niedermüller und stellte ihn vor Gericht.

Wegen „Wehrkraftzersetzung" wurde er in erster Instanz zu fünf Jahren Arrest verurteilt. In zweiter Instanz wurde das Urteil auf zehn Jahre erhöht und in einer dritten Instanz auf achtzehn Monate Zuchthaus reduziert. Elf Monate verbrachte Niedermüller im Strafgefangenenhaus Glatz. Nach seiner Haft wurde Anton Niedermüller wieder zu seiner Einheit zurückgestellt, jedoch aufgrund einer chronischen Krankheit am 10. Februar 1941 aus der Wehrmacht entlassen.

Gegen Ende des Kriegs, im August 1944, bekam Anton Niedermüller wieder große Schwierigkeiten mit der nationalsozialistischen Justiz. Von 26. August 1944 bis 3. Mai 1945 saß er im Gefängnis des Landesgerichts Salzburg ein, da er ausländische Radiosender abhörte und den Inhalt der abgehörten ausländischen Sender in diversen Lokalen fremden Menschen erzählte.

Nach seiner Entlassung blieb Niedermüller in der Stadt Salzburg. Im Jänner 1947 trat er wieder in die Sozialistische Partei ein. Seinen Lebensunterhalt verdiente er, wie vor dem Zweiten Weltkrieg, als Hilfsarbeiter.

Josef Oberlader

Geboren: 25. Oktober 1889
Herkunft: Pinzgau
Ort: Leogang
Ort der Verhaftung: Leogang
Beruf: Unbekannt
Familienstand: verheiratet; keine Kinder
Widerstandsgruppe: Kommunistisch

Bereits in der Ersten Republik engagierte sich Josef Oberlader in der Kommunistischen Partei Österreich. Er verhielt sich politisch jedoch ruhig und unauffällig. Aus diesem Grund erlebte er im Austrofaschismus auch keine Repressionen. Die ersten Jahre des nationalsozialistischen Regimes konnte er ebenfalls ungestört verbringen.

Am 23. Juli 1941 sollte sich dies jedoch schlagartig ändern. Josef Oberlader wurde verhaftet und in das Landesgericht Salzburg überstellt. In einem langwierigen Prozess wurde er im November 1943 wegen „Hochverrats" zu vier Jahren Zuchthaus verurteilt. Die genauen Umstände seiner Verhaftung sowie Verurteilung sind mysteriös. Die vorgenommenen Recherchen konnten für die plötzliche Verhaftung und Verurteilung Oberladers keine plausible Erklärung liefern.

Vermutlich äußerte sich Oberlader kritisch gegenüber dem NS-Regime oder er wurde aufgrund seiner Mitgliedschaft in der KPÖ angeschwärzt. Im Dezember 1943 kam Oberlader in das Konzentrationslager Dachau, in dem er bis zur Befreiung des Lagers am 29. April 1945 interniert blieb.

Nach seiner Befreiung kehrte Josef Oberlader nach Leogang zurück. Er beteiligte sich nun aktiv an politischen Geschehnissen. So übernahm er im Sommer 1945 die Funktion des Obmannes der KPÖ-Ortsorganisation Leogang.

Margarethe Pfeifenberger

Geboren: 2. Juli 1896
Herkunft: Lungau
Ort: St. Michael im Lungau
Ort der Verhaftung: St. Michael im Lungau
Beruf: Kellnerin; Gelegenheitsarbeiterin
Familienstand: ledig; keine Kinder
Widerstandsgruppe: Sozialdemokratisch

Margarethe Pfeifenberger wurde als Tochter eines Jägers in St. Michael im Lungau geboren und besuchte dort die Volksschule. Nach ihrer Schulausbildung arbeitete sie als landwirtschaftliche Hilfskraft und zeitweise als Hausmädchen bei verschiedenen Dienstgebern. 1919 kam sie nach Salzburg und arbeitete dort als Kellnerin. Bis 1934 war Pfeifenberger im Arbeiterheim Salzburg beschäftigt, wo ihr eine Liebesbeziehung mit Karl Emminger, einem sozialdemokratischen Landtagsabgeordneten, nachgesagt wurde. 1934 erkrankte Pfeifenbergs Mutter schwer. Aus diesem Grund ging sie zurück nach St. Michael und pflegte ihre Mutter. In St. Michael schlug sie sich mit Gelegenheitsarbeiten durch.

Während des Austrofaschismus sowie in den ersten Jahren des NS-Regimes verhielt sie sich politisch unauffällig. Erst im Jahr 1941 schwärzten sie drei Frauen bei der Gestapo an. Angeblich sollte sie „staatsfeindliche Aussagen" getätigt haben.

In der Sondergerichtsverhandlung vom 26. November 1941 belasteten drei Frauen, Klara Rossmann, Klara Aigner und Maria Rottenwänder, Margarethe Pfeifenberger schwer. Alle drei gaben wortgleich zu Protokoll, dass Pfeifenberger sich mit folgenden Worten über das NS-Regime geäußert habe: „Darüber sind nur die Nazis schuld, wenn diese nicht wären, wäre alles gut und es wäre auch zu keinem Krieg gekommen."

Die Zeugin Klara Aigner warf Margarethe Pfeifenberger neben der bereits geschilderten noch eine weitere „staatsfeindliche Aussage" vor. Pfeifenberger soll sich laut Aigner abwertend über die NS-Regierung, insbesondere aber über Göring, geäußert haben. „In der Regierung sind Juden. Der ist nur so weit gekommen, weil der Vater von Göring auch ein Jude war."

Aufgrund dieser Aussagen verurteilte man Margarethe Pfeifenberger wegen „Heimtücke" am 26. November 1941 zu zwei Jahren Gefängnis.

Da in den verwendeten Quellen lediglich die Abschrift des Urteils erhalten geblieben ist, können über den weiteren Haftverlauf von Margarethe Pfeifenberger keine Angaben gemacht werden.

Johann Prieschl

Geboren: 20. Mai 1899
Herkunft: ehemaliges Kaiserreich Österreich-Ungarn (Sudetenland)
Ort: Pasečná (Reiterschlag)
Ort der Verhaftung: Stadt Salzburg
Beruf: Hilfsarbeiter
Familienstand: ledig; keine Kinder
Widerstandsgruppe: Sozialdemokratisch

Johann Prieschl kam in Reiterschlag, dem heutigen Pasečná, zur Welt und besuchte im Mühlviertel die Volksschule. Nach seiner Schulausbildung war er als landwirtschaftlicher Hilfsarbeiter tätig. Im Ersten Weltkrieg diente Prieschl ein Jahr als Infanterist in Budweis. Nach dem Krieg arbeitete er wiederum als Hilfsarbeiter. Im Frühling 1938 bekam Prieschl gesundheitliche Probleme. Er konnte nur mehr Gelegenheitsarbeiten durchführen und musste immer wieder das Bett hüten. Ab 1939 verschlechterte sich sein Gesundheitszustand nochmals dramatisch. Er wurde arbeitsunfähig und lebte fortan von der Unterstützung seiner Familie und von Freunden.

Zwischen 1920 und 1930 war Johann Prieschl Mitglied der Sozialdemokratischen Arbeiterpartei Österreich.

Ende 1941 verhaftete man ihn und brachte ihn in das Landesgericht Salzburg. Dort machte man Prieschl in der Sondergerichtsverhandlung vom 4. März 1942 wegen angeblicher „staatsfeindlicher Äußerungen" den Prozess. Im Prozess sagten zwei Zeugen, Josef Schlager und Katharina Rutzinger, gegen Prieschl aus. Schlager gab zu Protokoll, dass Prieschl ein alter „Meckerer" sei, dem nichts recht gemacht werden könne. Als er von seinen Nachbarn kein Bier bekommen hat, soll er gesagt haben, dass „wir erst ein Dreivierteljahr Krieg haben und schon gibt es kein Bier mehr. Wie wird es erst sein, wenn drei bis vier Jahre Krieg ist? Das hat es im Weltkrieg nicht gegeben." Ebenfalls soll Prieschl gesagt haben, dass „er der Ansicht ist, dass der Krieg gegen die Russen nicht zu gewinnen ist, da die Russen viel besser gerüstet sind als die Deutschen. Sie (die Deutschen) sind ihnen (den Russen) nicht gewachsen." Josef Schlagers Ehefrau soll gehört haben, dass Prieschl beim Vorbeimarschieren von französischen Kriegsgefangenen gesagt hat, dass „diese den ganzen Tag arbeiten müssen und zum Fressen nichts bekommen würden außer Kraut und Rüben. Aber die Oberen fressen und saufen genug." Josef Schlager gab auch noch zu Protokoll, dass ein gewisser Landwirt Hervater gehört haben will, wie Prieschl gesagt hätte, dass „er schon auf Urlaub kommen könnte, aber Geld haben's keines zum Schmieren und so geht halt nichts". Die Zeugin Katharina Rutzinger gab die Aussagen von Schlager eins zu eins wieder.

Aufgrund der Aussagen von Schlager und Rutzinger wurde Johann Prieschl wegen „Heimtücke" zu zwei Monaten Gefängnis verurteilt.

Da in den verwendeten Quellen lediglich die Abschrift des Urteils erhalten geblieben ist, können über den weiteren Haftverlauf von Johann Prieschl keine Angaben gemacht werden.

Karl Rauter

Geboren: 16. Dezember 1901
Herkunft: Kärnten
Ort: Rennweg
Ort der Verhaftung: Schwarzach im Pongau
Beruf: Lokomotivführer
Familienstand: verheiratet; zwei Kinder (30. Dezember 1920; 2. Juni 1926)
Widerstandsgruppe: Sozialdemokratisch

Bereits in der Ersten Republik war Karl Rauter aktives Mitglied in der Sozialdemokratischen Arbeiterpartei. Nach dem BürgerInnenkrieg und dem Verbot der Partei 1934 leistete Rauter im Austrofaschismus passiven Widerstand. Im Dritten Reich wurde Rauter aufgrund seines Berufs, er war Lokomotivführer bei der Reichsbahn, nicht zur Wehrmacht einberufen. Er galt als unentbehrlich. Die ersten Jahre konnte er ohne gröbere Repressalien des nationalsozialistischen Terrorregimes überstehen. Im November 1941 sollte sich dies jedoch ändern. Wahrscheinlich aufgrund seines politischen Engagements in der Ersten Republik kam er nun ins Visier der NS-Justiz.

In einem Brief an die Salzburger Landesregierung vom 5. Dezember 1952, in dem Karl Rauter um Haftentschädigung für die Jahre in den nationalsozialistischen Gefängnissen ansuchte, beschreibt er detailgenau den Zeitpunkt ab seiner Verhaftung bis zu seiner Befreiung.

„Ich wurde am 25. November 1941 von der Gendarmerie in Schwarzach in Haft genommen. Am gleichen Tage noch in das Bezirksgefängnis St. Johann im Pongau überstellt. Dort war ich bis 9. Dezember 1941. An diesem Tage wurde ich dann in das Landesgericht Salzburg überstellt, wo ich bis 8. Jänner 1942 in Haft war. Von dort wurde ich am 8. Jänner 1942 in das Polizeigefängnis Salzburg überstellt und war bis zum 2. Juni 1942 dort. Ab 2. Juni 1942 kam ich wiederum in das Landesgericht Salzburg. Am 5. Dezember 1942 wurde ich in das Gefängnis des Landesgerichtes Landshut überstellt. Von dort kam ich am 1. Oktober 1943 wieder zurück in das Landesgericht Salzburg zur Verhandlung. Die Verhandlung war am 7. Oktober 1943 und ich wurde zu vier Jahren Zuchthaus und vier Jahren Ehrverlust verurteilt. Am 27. Oktober 1943 wurde ich in das Außenlager des Landesgerichtsgefängnisses Salzburg in Bergheim zur Arbeitsleistung überstellt. Dort war ich bis zur Entlassung am 2. Mai 1945."

Nach seiner Befreiung kehrte Karl Rauter wieder nach Schwarzach zurück und arbeitete auch wieder als Lokomotivführer bei den ÖBB. Karl Rauters Schilderung ist aufgrund eines Faktums äußerst interessant. Für die NS-Justiz war diese lange Vorlaufzeit zum Prozess, fast zwei Jahre, äußerst ungewöhnlich. Im Regelfall wurden die Beschuldigten schneller abgeurteilt. Warum aber Karl Rauter fast zwei Jahre auf seinen Prozess warten musste, konnte anhand der verfügbaren Quellen nicht beantwortet werden.

Franz Reinthaler

Geboren: 17. Oktober 1906
Herkunft: Tennengau
Ort: Hallein
Ort der Verhaftung: Argelès-sur-Mer (Frankreich)
Beruf: Fleischhauer
Familienstand: ledig; keine Kinder
Widerstandsgruppe: Kommunistisch (Spanienkämpfer)

Franz Reinthaler geriet aufgrund seiner politischen Gesinnung bereits in der Ersten Republik in gröbere Konflikte mit der Justiz. Wegen insgesamt zwölf politischer Delikte in der Ersten Republik verhaftete man Reinthaler, der jedes Mal für kurze Zeit inhaftiert wurde. In der Zeit des Austrofaschismus sollte er „nur" noch ein Mal verhaftet werden. Am 20. August 1935 verteilte er „staatsfeindliche kommunistische Druckwerke sowie Propagandamaterial" in Lend und Hofgastein. Für dieses Vergehen wurde Reinthaler mit einer Strafe in der Höhe von 365 Schilling belegt.

Da das politische Klima im Austrofaschismus immer problematischer wurde, entschied Reinthaler im Februar 1937, sich den Internationalen Brigaden in Spanien anzuschließen. Auf den Tag genau zwei Jahre, vom 10. Februar 1937 bis zum 10. Februar 1939, kämpfe er bei den Internationalen Brigaden. Durch die republikanische Niederlage geriet er in Gefangenschaft und wurde nach Frankreich abgeschoben. Zwischen dem 10. Februar 1939 und dem 30. März 1941 inhaftierte man Reinthaler in den Lagern St. Cyprien, Gurs und Argelès-sur-Mer.

Am 30. März 1941 brachte man Franz Reinthaler aus seiner französischen Gefangenschaft in das Konzentrationslager Dachau. Mehr als vier Jahre musste er dort den Terror und die Qual des NS-Regimes erdulden. Erst mit der Befreiung des Lagers am 29. April 1945 konnte Reinthaler seine Folterstätte verlassen.

Nach seiner Freilassung kehrte Reinthaler nach Hallein zurück und wurde in den Gemeindedienst aufgenommen. Sein eigentliches Interesse nach seiner Rückkehr galt jedoch einer anderen Arbeitsstelle. Am 13. August 1946 bemühte sich Reinthaler um die Pacht des Kaltenhausener Bräustüberl. Dies scheiterte jedoch.

Franz Renner

Geboren: 17. August 1912
Herkunft: Pinzgau
Ort: Zell am See
Ort der Verhaftung: Kaprun
Beruf: Kraftfahrer beim Transportunternehmen Peter Griesser in Kaprun
Familienstand: verheiratet, ein Kind (geb. 20. August 1938)
Widerstandsgruppe: Sozialdemokratisch

Bereits in der Ersten Republik engagierte sich Franz Renner in der Sozialdemokratischen Arbeiterpartei. Nach dem BürgerInnenkrieg im Februar 1934 kämpfte er im Untergrund weiter. Am 1. August 1935 wurde er aufgrund seiner politischen Aktivitäten verhaftet, da er im Sommer 1935 in Zell am See diverse Unterlagen sowie Flugblätter der Sozialistischen Partei verteilt hatte. Daraufhin überstellte man ihn in das Salzburger Landesgericht, wo umgehend Anklage gegen Renner erhoben wurde. Im Dezember 1935 verurteilte ihn das Gericht zu einem Jahr Gefängnis. Am 1. Juli 1935, rund fünf Monate vor Haftende, entließ man ihn jedoch auf Bewährung.

Gegen das nationalsozialistische Terrorregime setzte sich Franz Renner ebenfalls zur Wehr. Am 24. Juni 1941 wurde er von der nationalsozialistischen Gendarmerie in Kaprun verhaftet und wieder in das Salzburger Landesgericht überstellt. Der Vorwurf lautete diesmal auf „Heimtücke". Aus einer SA-Meldung vom 26. Juni 1941 ging hervor, dass Renner in der Woche von 16. bis 22. Juni 1941 in Gegenwart mehrerer Personen folgende Aussage getätigt haben soll:
„Wenn bei uns etwas gemacht wird, wie die Versenkung der ‚Hood', da wird ein Geschrei und eine Metten gemacht. Als sie uns die ‚Bismarck' versenkten, das habe ich ihnen vergönnt, da habe ich schon gelacht."

Aufgrund dieser Aussage wurde Franz Renner, nach nur elf Tagen Untersuchungshaft, am 5. Juli 1941 erneut zu einem Jahr Gefängnis verurteilt. Aus unbekannten Gründen wurde Renner jedoch auch diesmal wieder nach rund sieben Monaten aus der Haft entlassen. Am 24. Februar 1942 kehrte er nach Zell am See zurück. In der verbleibenden Zeit des Zweiten Weltkriegs verhielt sich Renner ruhig und unauffällig, sodass er nicht mehr in die Mühlen des NS-Terrorregimes kam.

Ferdinand Robl

Geboren: 21. Dezember 1903
Herkunft: Pongau
Ort: Lend
Ort der Verhaftung: Werfen-Sulzau
Beruf: Werksarbeiter
Familienstand: verheiratet, zwei Kinder (drei Kinder) (geb. 16. August 1930, 9. Juli 1936; 28. Mai 1946)
Widerstandsgruppe: Sozialdemokratisch

Bereits in der Ersten Republik engagierte sich Ferdinand Robl in der Sozialdemokratischen Arbeiterpartei sowie der sozialdemokratischen Gewerkschaftsbewegung. Im Austrofaschismus wurde Robl im April 1933 verhaftet. Er wurde beschuldigt, im Eisenwerk Werfen-Sulzau Inventar gestohlen zu haben. Man verurteilte ihn zu einem Monat Arrest. Nach seiner Freilassung engagierte er sich im sozialdemokratischen Untergrund. Der Anschluss Österreichs an Nazi-Deutschland stoppte vorübergehend Robls Engagement. Erst Ende 1939 oder Anfang 1940 rief er die Widerstandszelle Werfen-Sulzau ins Leben. Rund eineinhalb Jahre konnte Robl in der Widerstandszelle aktiv arbeiten. Im Sommer 1941 flogen er sowie seine Gruppe jedoch auf.

Am 24. Juni 1941 wurde Ferdinand Robl von Spitzeln der Gestapo in Werfen verhaftet. Robl überstellte man in das Landesgericht Salzburg. Im Prozess warf man ihm „kommunistische Umtriebe" sowie die „Verteilung von kommunistischer Propaganda" vor. Nach einem für die nationalsozialistische Justiz ungewöhnlich langen Prozess wurde Ferdinand Robl am 13. Februar 1942 vom Wiener Senat wegen „Hochverrats" zu acht Jahren Zuchthaus verurteilt. Das Ausmaß der Strafe zeigte deutlich, dass die Nationalsozialisten in Robl den Rädelsführer der Widerstandszelle im Eisenwerk Werfen-Sulzau gesehen haben. Aufgrund des Ausmaßes der Strafe bestand für Robl keine Chance auf Begnadigung. Erst am 26. April 1945 wurde er aus dem Zuchthaus von amerikanischen Truppen befreit und konnte nach knapp vier Jahren Haft wieder zu seiner Familie zurückkehren. Wieder in Werfen angekommen, nahm er seine alte Arbeitsstelle im Eisenwerk an.

Sebastian Saringer

Geboren: 22. November 1886
Herkunft: Pinzgau
Ort: Saalfelden
Ort der Verhaftung: Rauris
Beruf: Hilfsarbeiter
Familienstand: ledig; keine Kinder
Widerstandsgruppe: Sozialdemokratisch

Sebastian Saringer stammte aus einfachsten Verhältnissen. Seine Mutter, Theresia Saringer, arbeitete als Dienstmagd, über seinen Vater ist nichts bekannt. Unmittelbar nach seiner Geburt wurde er zu einer Bauernfamilie nach Embach bei Lend in Pflege gegeben. Dort besuchte er die Volksschule und wurde Knecht am Bauernhof. Im Ersten Weltkrieg diente er als Soldat. Nach dem Krieg schlug er sich als Holz- und Bauarbeiter durch. Erst 1937 nahm er eine Stellung als Hilfsarbeiter in der Aluminiumfabrik Lend an. Seit dem Ende des Ersten Weltkriegs bis zum Verbot 1934 war er Mitglied der Sozialdemokratischen Arbeiterpartei.

In der Zeit des Austrofaschismus sowie in den ersten Jahren der nationalsozialistischen Diktatur betätigte er sich politisch nicht. Erst mit dem Beginn des Russlandfeldzugs der deutschen Wehrmacht im Juni 1941 äußerte er seinen Unmut über das Regime.

Aufgrund seiner Äußerungen verhaftete man ihn im August 1941 in Rauris und überstellte ihn in das Landesgericht Salzburg. Dort wurde ihm am 24. September 1941 der Prozess wegen „Heimtücke" gemacht. Man warf ihm vor, dass er Anfang Juli bei einem Gespräch mit einem gewissen Krab gesagt haben soll, „dass Deutschland zu klein für den Krieg" sei.

Als Hauptzeugen gegen Sebastian Saringer traten Josef Langreiter, Olga Spöttl und der Gendarmeriemeister von Rauris, Josef Empel, auf. Langreiter behauptete, dass er die Aussagen von Saringer durch ein geöffnetes Fenster gehört habe. Langreiter gab des Weiteren zu Protokoll, dass Saringer gesagt haben soll, „dass der Bolschewismus kommen wird und in Deutschland aufräumen wird". Zum Abschluss gab Langreiter noch zu Protokoll, dass Saringer ein ortsbekannter Kommunist sei.

Die Zeugin Olga Spöttl stimmte zu einhundert Prozent den Aussagen von Langreiter zu, auch sie bezeichnete Saringer als Kommunisten.

Der Zeuge Josef Empel war zum Zeitpunkt der angeblichen Äußerungen nicht vor Ort. Er gab lediglich zu Protokoll, dass Sebastian Saringer von der Rauriser Bevölkerung als Kommunist angesehen wurde. Da Saringer als Hilfsarbeiter in der Aluminiumfabrik Lend beschäftigt war, hat er laut Empel die Stimmung der Fabriksmitarbeiter zu Beginn des Russlandfeldzugs wiedergegeben. Das Gericht verurteilte Saringer aufgrund der Zeugenaussagen zu einem Jahr und drei Monaten Gefängnis.

Da in den verwendeten Quellen lediglich die Abschrift des Urteils erhalten geblieben ist, können über den weiteren Haftverlauf von Sebastian Saringer keine Angaben gemacht werden.

Georg Schaller

Geboren: 19. April 1898
Herkunft: Kärnten
Ort: Villach
Ort der Verhaftung: Stadt Salzburg
Beruf: Schneider
Familienstand: verheiratet; ein Kind (31. März 1933)
Widerstandsgruppe: Kommunistisch

Bereits in jungen Jahren begann Georg Schaller, sich politisch zu engagieren. Bis 1927 war er Mitglied der Sozialdemokratischen Arbeiterpartei. 1927 verließ er jedoch die SDAP und trat in die Kommunistische Partei Österreich ein. In der KPÖ war er bis 1929 aktives Mitglied. 1929 trat er jedoch auch aus der KPÖ aus und sein politisches Engagement begann abzunehmen. Im Austrofaschismus sowie im Dritten Reich sollte ihn seine politische Vergangenheit jedoch einholen. Schaller fertigte für seinen Opferfürsorgeantrag eigens eine detaillierte „Denunzierungsliste" an, in der alle Repressionen, die er zwischen 1937 und 1945 erdulden musste, angeführt waren.

1937 erfolgte eine Anzeige bei der Polizei in Salzburg aufgrund seiner ehemaligen Mitgliedschaft bei der KPÖ. In Folge dieser Anzeige wurde Schallers Wohnung durchsucht. Im März 1938 wurde ihm seine Wohnung durch die Hausverwalter Lidio Rizzi und Oskar Brunner gekündigt, mit der Begründung, dass er sich im Austrofaschismus antinational betätigt hätte. Ebenfalls im Jahr 1938 wurde Schaller von seinem Wohnungsnachbarn Ludwig Lotterhos bei der Gestapo wegen seiner Mitgliedschaft zur KPÖ sowie wegen angeblichem Waffenbesitz angezeigt. Im Oktober 1938 wurden Schaller sowie der Direktor des Landestheaters, Franz Wettig, wegen ihrer Zugehörigkeit zur KPÖ bei der Gestapo angezeigt. Fritz Gehbauer war die treibende Kraft hinter dieser Anzeige. Sein Versuch,

Schaller und Wettig aus dem Theater zu entfernen, scheiterte jedoch.

Am 7. Mai 1941 wurde Schaller abermals, diesmal wegen „Heimtücke", von der Gestapo verhaftet. Liesl Habenberger aus Mattsee brachte eine Anzeige gegen Schaller ein. Für insgesamt dreizehn Tage saß er im Polizeigefängnis Salzburg in Einzelhaft. Aufgrund mangelnder Beweise, die Klägerin Liesl Habenberger tätigte keine weitere Aussage, wurde Schaller wieder entlassen. Am 13. Oktober 1941 zeigte man Schaller wiederum an. Diesmal brachte die Anzeige Helena Havelka im Beisein eines gewissen Sommerauer und Albert Ferstl ein. Die Anzeige erfolgte beim Intendanten des Theaters, einem gewissen Furegg. Helena Havelka versuchte, durch die Anzeige und die dadurch erhoffte Kündigung von Schaller die Stellung ihres eigenen Mannes im Theater zu verbessern.

Im November 1941 musste sich Schaller aufgrund politischen Drucks von seiner ersten Frau scheiden lassen.

Im August 1942 wurde Schaller abermals aufgrund seiner politischen Gesinnung bei dem bereits angesprochenen Sommerauer während der Gastspiele in Bad Gastein angeschwärzt – durch Franziska Baumgartinger.

Anfang 1944 warnte Gretl Pfeffer Schaller intensiv vor Franziska Baumgartinger. Der Schwager von Baumgartinger sei ein Gestapobeamter und sie wolle Schallers Stellung im Landestheater bekommen. Georg Schaller schrieb über Gretl Pfeffer, dass sie selbst wohl kein Parteimitglied der NSDAP war, sich jedoch gut mit dem Regime arrangierte und sich selbst Vorteile, besonders im Landestheater, erhoffte.

Sehr bald, im Mai 1944, setzte Franziska Baumgartinger ihren Plan in die Tat um. Beim Betriebsdirektor Heusohn, dieser war Mitglied des Sicherheitsdienstes SD, wurde Schaller aufgrund seiner politischen Überzeugungen angeschwärzt. Am 17. Juli 1944 erfolgte dann die Verhaftung aufgrund der Anzeige von Franziska Baumgartinger. Als weitere „Zeugen" gegen Schaller traten Anna Forser und Fritz Gehbauer, beide waren im Landestheater beschäftigt, sowie Paula Lotterhos auf. Neun Wochen musste Georg Schaller in Polizeihaft verbringen, ehe er am 15. September 1944 in das Konzentrationslager Dachau deportiert wurde. Durch mangelnde hygienische Bedingungen im Konzentrationslager erkrankte Schaller an Typhus. Bis zur Befreiung des Konzentrationslagers am 29. April 1945 war er in Dachau interniert.

Nach den schrecklichen Erlebnissen und durch ein körperliches Gebrechen, das er im Konzentrationslager erlitten hatte, arbeitete Georg Schaller nicht mehr als Schneider im Landestheater. Er konnte nur mehr die Tätigkeit des Fundusverwalters ausfüllen.

Johann Schattauer

Geboren: 23. Oktober 1886
Herkunft: Salzburg
Ort: Stadt Salzburg
Ort der Verhaftung: Stadt Salzburg
Beruf: Revisor
Familienstand: verheiratet; keine Kinder
Widerstandsgruppe: Sozialdemokratisch

Schattauer wuchs in der Stadt Salzburg auf und wurde von seinen Stiefeltern aufgezogen. Militärische Erfahrungen sammelte er als Korporal im Ersten Weltkrieg, wo er das Eiserne Verdienstkreuz, das Karl-Truppenkreuz und eine Verwundetenmedaille verliehen bekam.

Mit Ende des Ersten Weltkriegs trat Johann Schattauer in die Sozialdemokratische Arbeiterpartei ein, in welcher er auch bis zum BürgerInnenkrieg im Februar 1934 aktives Mitglied blieb. Von 1925 bis 1934 war er Betriebsratsobmann der Freien Gewerkschaft der Stadt Salzburg. Bereits in der Ersten Republik sowie in der Zeit des Austrofaschismus bekam Schattauer Probleme mit der Justiz. Durch seine langjährige Mitgliedschaft in der Sozialdemokratischen Arbeiterpartei und Gewerkschaft verhaftete man Schattauer mehrmals und verurteilte ihn jeweils zu kurzen Gefängnisstrafen.

Im Austrofaschismus selbst änderte sich Schattauers politische Haltung. Er begann, mit den illegalen Nationalsozialisten zu sympathisieren, indem er Zeitschriften verteilte und kleinere Geldbeträge spendete.

Im April 1941 verhaftete die Gestapo Johann Schattauer in Salzburg, das Landesgericht Salzburg verurteilte ihn wegen „staatsfeindlicher Aussagen". Laut sechs ZeugInnen (Maria Doll, Rosa Zwiefel, Anna Schimke, Anna Höck, Josef Wimmer und Primus Schweiger) äußerte sich Schattauer negativ über den Nationalsozialismus. Schattauer soll gesagt haben, dass er mit der jetzigen Situation nicht zufrieden sei. In der Monarchie sei es ihm viel besser ergangen.

Diese Aussage reichte, um ihn wegen „Heimtücke" zu sechs Monaten Gefängnis zu verurteilen.

Da in den verwendeten Quellen lediglich die Abschrift des Urteils erhalten geblieben ist, können über den weiteren Haftverlauf von Johann Schattauer keine Angaben gemacht werden.

Ludwig Schmidhuber

Geboren: 13. September 1899
Herkunft: Oberösterreich
Ort: Mettmach im Innkreis
Ort der Verhaftung: Werfen-Sulzau
Beruf: Hilfsarbeiter
Familienstand: verheiratet, zwei Kinder (6. Juni 1926; 28. November 1927)
Widerstandsgruppe: Gewerkschaft

In der Ersten Republik trat Ludwig Schmidhuber politisch nicht in Erscheinung. Unauffällig arbeitete er im Eisenwerk Werfen-Sulzau. Erst im Jahr 1939/1940 begann er, sich gewerkschaftlich zu engagieren. Einige seiner Arbeitskollegen engagierten sich in der Widerstandszelle Werfen-Sulzau. Schmidhuber schloss sich ihnen an. Rund eineinhalb Jahre später sollte er deswegen immense Probleme mit der nationalsozialistischen Terrorjustiz bekommen.

Am 19. August 1941 verhaftete die Gestapo Schmidhuber und lieferte ihn in das Polizeigefängnis Salzburg ein. Am 13. Februar 1942 wurde Schmidhuber vom Wiener Senat wegen „Vorbereitung zum Hochverrat" insgesamt zu zwei Jahren und sechs Monaten Zuchthaus sowie zu drei Jahren Ehrverlust verurteilt. Dreiundzwanzig Monate musste Schmidhuber die Strafe in verschiedenen deutschen Zuchthäusern verbüßen. Die ersten sieben Monate saß er in Salzburg ein, danach sieben Monate im Zuchthaus Zweibrücken und abschließend noch neun Monate im Zuchthaus Münster in Westfalen. Da Schmidhuber vor seiner Verhaftung bereits in der deutschen Wehrmacht gedient hatte, kam er am 11. Juli 1943 zum Bewährungsbataillon 999.

Zwei ehemalige Arbeitskollegen sowie Wehrmachtskameraden berichteten im Juli 1953, dass sie Schmidhuber im Bewährungsbataillon 999 getroffen haben und mit ihm nach erfolgter militärischer Ausbildung nach Griechenland versetzt wurden. Schmidhuber wurde nach den Berichten der beiden Kollegen in Griechenland verwundet und kam in Kriegsgefangenschaft. Erst im Oktober 1945 konnte er wieder nach Werfen zurückkehren.

Franz Schweiger

Geboren: 27. Juli 1902
Herkunft: Oberösterreich
Ort: Mattighofen
Ort der Verhaftung: Fürstenfeld in der Steiermark
Beruf: Schlosser
Familienstand: ledig; drei Kinder (Zwillinge 11. November 1928; 24. Dezember 1930)
Widerstandsgruppe: Gewerkschaft

In der Ersten Republik verhielt sich Franz Schweiger politisch unauffällig. Als Schlosser in den Böhler Werken kam er in Kontakt mit der Gewerkschaftsbewegung, der er sich anschloss. Nach dem BürgerInnenkrieg vom Februar 1934 und der Einsetzung der austrofaschistischen Gewerkschaft endete das Engagement von Franz Schweiger in der Gewerkschaftsbewegung. Die ersten Jahre der nationalsozialistischen Terrordiktatur verbrachte er in relativer Ruhe. Erst im Juli 1941 kam er in die Mühlen der nationalsozialistischen Terrorjustiz.

Sehr detailliert schildert er in seinem Antrag der Opferfürsorge seine Verhaftung sowie seine Zeit in diversen Gefängnissen. „Ich wurde am 30. Juli 1941 wegen Verdacht der Vorbereitung zum Hochverrat von meiner Arbeitsstelle weg (Böhler Werke Kapfenberg) durch die Gestapo von Fürstenfeld verhaftet und wurde in das Bezirksgericht Fürstenfeld eingeliefert. Nach fünf Wochen Abtransport in das Landesgericht Graz. Nach 18-monatiger Untersuchungshaft in Graz fand im Februar 1943 die Hauptverhandlung statt, wobei ich zu vier Jahren Zuchthaus und vier Jahren Ehrverlust verurteilt (wurde). Über das Zuchthaus Karlau wurde ich nach Wien in das Polizeigefängnis und von dort über Salzburg nach Bernau in Oberbayern in das dortige Zuchthaus eingeliefert. Nach acht Tagen Aufenthalt

126

in Bernau wurde ich wegen Erkrankung und Unterernährung in das Zuchthaus Stein verlegt. In Stein verblieb ich bis zum 8. April 1945. Am 6. April 1945 wurden sämtliche Insassen des Zuchthauses durch die Gefängnisleitung freigelassen, jedoch wurde dies von der SS mit einer wüsten Schießerei verhindert und es gab viele, viele Tote. Ich habe mich diesen (sic!) Blutbad nur durch Aufsuchen eines Winkels im Keller entziehen können. Am 8. April 1945 erfolgte der Abtransport mittels Schlepper nach Passau und dort wurden wir aufgeteilt in verschiedene Zuchthäuser. Ich selbst kam nach Suben und wurde von dort am 3. Mai bez. am 13. Mai 1945 durch die Amerikaner befreit."

Nach seiner Entlassung kehrte Franz Schweiger nach Österreich zurück. Er nahm eine Stelle als Schlosser bei den ÖBB an und ließ sich in Salzburg-Gnigl, in der Schillinghofstraße, nieder.

Josef Steiner

Geboren: 23. Dezember 1902
Herkunft: Pongau
Ort: Altenmarkt
Ort der Verhaftung: Argelès-sur-Mer (Frankreich)
Beruf: Mineur
Familienstand: ledig; keine Kinder
Widerstandsgruppe: Kommunistisch (Spanienkämpfer)

Schon in der Ersten Republik war Josef Steiner aktives Mitglied in der Kommunistischen Partei Österreich. Nach dem BürgerInnenkrieg von 1934 versuchte er, nun im Untergrund, sich weiter für die kommunistische Bewegung zu engagieren.

Vom 13. November 1934 bis zum 27. November 1934 inhaftierte man Josef Steiner als Untersuchungshäftling im Bezirksgefängnis St. Johann im Pongau. Vom 27. November bis zum 13. Mai 1935 hielt man ihn als sogenannten Strafhäftling in St. Johann im Pongau fest. Grund für die Haft war eine „Straftat" vom 26. Oktober 1933. Man warf Steiner vor, beim „Abbrennen von Sowjetsternen" sowie beim „Abbrennen eines Feuers mit Sichel und Stern" in Radstadt anwesend gewesen zu sein. Aufgrund dieser Delikte verurteilte man ihn zu sechs Monaten Arrest.

Am 5. Februar 1937 ging Steiner in die Schweiz, um von dort nach Spanien weiterzureisen. Im Auftrag der KPÖ ging Steiner als „politischer Freiheitskämpfer" zu den Internationalen Brigaden und kämpfte dort gegen Francos Truppen. Nach der Niederlage der spanischen Republikaner zog Steiner sich nach Frankreich zurück. Dort angekommen, wurde er jedoch wieder aufgrund seiner politischen

Einstellung verhaftet. In der Zeit vom 6. Februar 1939 bis zum 10. September 1940 war Steiner in den Lagern St. Cyprien, Gurs und Argèles-sur-Mer inhaftiert. Nach dem Einmarsch der deutschen Wehrmacht in Frankreich im Juni 1940 verhaftete ihn die Gestapo umgehend und brachte ihn zuerst nach Karlsruhe. Am 1. Mai 1941 überstellte man Steiner in das Polizeigefängnis Salzburg. Von dort deportierte man ihn am 14. Juni 1941 in das Konzentrationslager Dachau. Fast genau vier Jahre sollte Steiner die Qualen und das Leid im Konzentrationslager Dachau erleben. Als amerikanische Truppen das Konzentrationslager am 29. April 1945 befreiten, wurde auch Josef Steiner befreit. Nach über sechs Jahren andauernder Internierung war er wieder ein freier Mann. Er kehrte nach Österreich zurück und ließ sich in Bischofshofen nieder, wo er als Holzarbeiter seinen Lebensunterhalt verdiente.

Josef Stoltschnig
& Maria Stoltschnig

Geboren: 12. März 1898
Herkunft: Kärnten
Ort: Pustritz-Griffen
Ort der Verhaftung: Hallein
Beruf: Dreher

Geboren: 13. August 1900
Herkunft: Kärnten
Ort: Globasnitz bei Vöcklamarkt
Ort der Verhaftung: Hallein
Beruf: Hausfrau

Familienstand: verheiratet; zwei Kinder (17. Februar 1924; 7. Februar 1927)
Widerstandsgruppe: Kommunistisch

Schergen der Halleiner Gestapo verhafteten am 26. August 1941 Josef und Maria Stoltschnig. Umgehend brachte man beide in das Landesgerichtsgefängnis Salzburg. Josef Stoltschnig wurden „Vorbereitung zum Hochverrat" und „kommunistische Umtriebe" vorgeworfen. Er hatte alliierte Radiosender gehört und Informationen seinen Arbeitskollegen weitergegeben.

Man verurteilte ihn am 10. Juni 1942 zu fünfzehn Jahren Zuchthaus und zehn Jahren Ehrverlust. Nach der Urteilsverkündung kam Josef Stoltschnig jedoch nicht in ein Zuchthaus. Umgehend deportierte man ihn in das Konzentrationslager Mauthausen. Bis zur Befreiung des Lagers musste er unter unmenschlichen Bedingungen körperliche Sklavenarbeit leisten. Aufgrund der jahrelangen Sklavenarbeit, die er im Konzentrationslager Mauthausen verrichten musste, verstarb er bereits am 28. Jänner 1946.

Ebenfalls am 10. Juni 1942 wurde auch Maria Stoltschnig der Prozess gemacht. Ihr wurde zur Last gelegt, dass sie die Taten ihres Ehemannes nicht angezeigt habe. Der Wiener Senat verurteilte sie zu sechs Monaten Gefängnis.

Die beiden Kinder von Maria und Josef Stoltschnig wurden während ihres Gefängnisaufenthaltes von Bekannten betreut. In der gesamten Zeit der Untersuchungshaft und der Haftstrafe selbst war beiden der Kontakt zu ihren Kindern verboten.

Nach ihrer Entlassung musste Maria Stoltschnig nun allein für das Einkommen der Familie sorgen. Um sich und ihre zwei Kinder irgendwie durchzubringen, nahm sie nach dem Krieg eine Stelle als Arbeiterin in der Zellulosefabrik in Hallein an.

Karl Strohmayer
(Pater Pazifikus)

Geboren: 14. Oktober 1876
Herkunft: Steiermark
Ort: Preding (Bezirk Deutschlandsberg)
Ort der Verhaftung: Werfen
Beruf: Ordenspriester des Kapuzinerordens
Familienstand: ledig; keine Kinder
Widerstandsgruppe: Religiös

Karl Strohmayer wurde am 14. Oktober 1876 in Preding als Sohn eines Produkthändlers geboren. In Graz besuchte er die Volksschule sowie das Gymnasium und studierte Theologie. Nach seinem Studium trat er in den Kapuzinerorden ein und war in unterschiedlichen Klöstern als Ordenspriester tätig. Zuletzt war er Superior im Kapuzinerkloster Werfen.

Im März 1941 ging eine anonyme Anzeige bei der Gendarmerie in Werfen ein, in der Pater Pazifikus beschuldigt wurde, übermäßig viel Lebensmittel zu besitzen und diese zu horten. Als Pazifikus eine kurze Reise tätigte, durchsuchten Gendarmen seine Wohnung. Sie fanden in seiner Wohnung sowie in einer Holzhütte insgesamt fünf Kilogramm Kandiszucker, zwei Kilogramm Malzzuckerl, 1,25 Kilogramm Speck und Butter, 14,5 Kilogramm Butterschmalz, 8,35 Kilogramm Waschseife und 25 Stück Toilettseife, drei Kilogramm Speiseöl, zwei Kilogramm Selchfleisch und fünf Kilogramm Honig.

Als er am 30. März 1941 von seiner Reise zurückkam, erwarteten ihn bereits die Gendarmen. Man nahm ihn fest und brachte ihn auf den Gendarmerieposten

Werfen. Er gab zu, dass er in einem unbenützten Raum neben der Sakristei noch Dutzende Marmeladengläser versteckte. Aus Angst vor einer Strafe meldete er die Lebensmittel nicht. Nach dem Verhör wurde er vorübergehend auf freien Fuß gesetzt. Zwei Tage später ging Pater Pazifikus jedoch zurück zum Gendarmerieposten und erstattete Selbstanzeige, da er noch mehr Lebensmittel im Kloster versteckte. Hinter dem Altar befanden sich noch 66 Kilogramm Schweinefett, 35,5 Kilogramm Speck und Fleisch in Fett eingegossen, 29 Kilogramm Speck und Fleisch, 21 Kilogramm Mehl, 32 Kilogramm Polenta und 58 Kilogramm Teigwaren.

In seinem Prozess gab Pater Pazifikus immer wieder zu Protokoll, dass er die Lebensmittel an bedürftige Menschen in Werfen und Umgebung weitergegeben habe. Eine gefundene Holzkiste in der Holzhütte, wo bereits Lebensmittel für Bedürftige aufbewahrt wurden, sollte als Beweis für seine Unschuld reichen. Doch die NS-Justiz kannte kein Erbarmen mit dem Kapuzinermönch. Jegliche Argumentation seinerseits wurde gegen ihn ausgelegt. Pater Pazifikus wurde ein Verbrechen der Kriegswirtschaftsverordnung vorgeworfen.

Am 23. Juli 1941 wurde er deswegen zu einem Jahr Zuchthaus verurteilt.
Da in den verwendeten Quellen lediglich die Abschrift des Urteils erhalten geblieben ist, können über den weiteren Haftverlauf von Pater Pazifikus keine Angaben gemacht werden.

Dr. Rudolf Stummer

Geboren: 5. März 1905
Herkunft: Wien
Ort: Wien
Ort der Verhaftung: Gmunden (Oberösterreich)
Beruf: Jurist
Familienstand: verheiratet; ein Kind (drei Kinder) (15. Februar 1941)
(18. April 1942; 9. Februar 1946)
Widerstandsgruppe: Konservativ

Zum Zeitpunkt seiner Verhaftung arbeitete Dr. Rudolf Stummer als Rechtsanwaltsanwärter und Versicherungsvertreter in Gmunden. Dort verhaftete ihn die Linzer Gestapo am 11. November 1941 und lieferte ihn umgehend in das Linzer Polizeigefängnis ein. Dr. Stummer wurde vorgeworfen, dass er heimlich Radiosender der Alliierten gehört habe. Bereits Anfang Dezember 1941 verurteilte man Dr. Stummer im Landesgericht Linz zu einer Zuchthausstrafe von zwei Jahren und drei Monaten.

Einen Tag nach der Urteilsverkündung brachte man ihn in das Zuchthaus Zweibrücken in der Pfalz, in welchem er seine Strafe abzusitzen hatte. Im März 1944 hatte Dr. Stummer eigentlich seine Strafe abgesessen und hätte als freier Mann wieder nach Gmunden zurückkehren können. Analog zu Edi Goldmann wurde aber auch seine Strafe unterbrochen. Man stufte ihn als „Gefährdung für den Staat" ein und deportierte ihn in das Konzentrationslager Dachau. Der Alltag im Konzentrationslager setzte Dr. Stummer körperlich wie geistig schwer zu. Herz- und Nervenleiden traten auf und während seiner Haftzeit verlor er rund 40 Kilo an Körpergewicht. Ausgemergelt und erschöpft befreite ihn die „Rainbow Division" am 29. April 1945.

Da nach der Befreiung eine Typhusquarantäne über das ehemalige Konzentrationslager verhängt wurde, konnte Dr. Stummer erst am 22. Juni 1945 endgültig entlassen werden.

Nach seiner Rückkehr nach Österreich verschlug es Dr. Rudolf Stummer nach Salzburg. Er wurde Bezirkshauptmann der Landesregierung für die Stadt Salzburg.

Josef Wedam

Geboren: 28. November 1910
Herkunft: ehemaliges Kaiserreich Österreich-Ungarn
Ort: Triest
Ort der Verhaftung: St. Veit an der Glan (Kärnten)
Beruf: Büroangestellter
Familienstand: verwitwet; keine Kinder
Widerstandsgruppe: Militärisch

Bereits am 13. März 1938, also nur einen Tag nach dem Anschluss Österreichs an Hitler-Deutschland, bekam Josef Wedam die Schikanen des neuen Regimes zu spüren. Am 13. März 1938 wurde er als Kanzleiangestellter der Stadtgemeinde St. Veit an der Glan aufgrund seiner politischen Einstellung entlassen.

Das neue Regime hatte eine andere Verwendung für ihn. Er wurde als Hilfsarbeiter dem Baubezirk St. Veit als Bau- bzw. Straßenarbeiter zugeteilt. Da Wedam die schwere körperliche Arbeit nicht gewohnt war, zog er sich schnell Venenentzündungen zu, die ihn als Bauarbeiter nutzlos machten. Nur durch die Vermittlung eines guten Bekannten konnte er im Oktober 1938 wieder, seinen Fähigkeiten entsprechend, in den Bürodienst zurückkehren.

Im Juni 1940 wurde Josef Wedam in die deutsche Wehrmacht eingezogen. Im März 1941 desertierte er, da er sich weigerte, wie er in seinem Opferfürsorgeantrag schrieb, in der „Naziwehrmacht" zu dienen. Aber nach nur elf Tagen verhaftete ihn die Militärpolizei und stellte ihn in Salzburg vor ein Kriegsgericht. Unter Zubilligung besonders mildernder Umstände verurteilte man ihn zu lediglich sechs Wochen Arrest.

Im Juni 1943 desertierte er aus den gleichen Gründen nochmals. Diesmal schaffte es Wedam, sich bis nach Paris durchzuschlagen. Dort verhaftete man ihn jedoch. Das Urteil lautete diesmal drei Wochen Arrest.

Im Mai 1945 geriet Josef Wedam in Ostfriesland in britische Kriegsgefangenschaft, aus der er am 28. November 1945 entlassen wurde. Umgehend kehrte er nach Salzburg zurück, wo er seit 1940 seinen ständigen Wohnsitz hatte. Josef Wedam hatte nach seiner Rückkehr große Probleme, wieder Anschluss in der Arbeitswelt zu finden. Noch im März 1950, als er seinen Opferfürsorgeantrag stellte, war er als arbeitslos gemeldet.

Johanna von Weismayr (geb. Pianta)

Geboren: 9. Juni 1894
Herkunft: Wien
Ort: Wien
Ort der Verhaftung: Stadt Salzburg
Beruf: Opernsängerin
Familienstand: verheiratet; ein Kind (4. November 1923)
Widerstandsgruppe: Konservativ

Zusammen mit ihrem Ehemann, Diplomkaufmann Adolf Georg von Weismayr, erwarb Johanna von Weismayr in Pelndorf, Gemeinde Piberbach in Oberösterreich, ein kleines Bauerngut. Zumeist verbrachte das Ehepaar die Sommermonate auf seinem kleinen Landsitz. Politisch betätigten sie sich nicht – weder in der Ersten Republik noch im Austrofaschismus. Auch in den ersten Jahren des NS-Terrorregimes kamen die von Weismayrs nicht mit der nationalsozialistischen Terrorjustiz in Kontakt.

1941 sollte sich dies jedoch schlagartig ändern. Durch eine Denunziation des illegalen Hausbesitzers Leopold Preimesberger wurde Johanna von Weismayr von der Gestapo scharf verwarnt. Rund zwei Jahre später, im November 1943, wurde aus der scharfen Verwarnung Ernst. Johanna von Weismayr und ihr Mann wurden am 12. November 1943 wegen „Wehrkraftzersetzung" verhaftet. Die Pächterin des Bauernguts, Katharina Samhaber, denunzierte das Ehepaar von Weismayr. Der Grund für die Anzeige und die Denunzierung lag in drei Begebenheiten. Die erste Begebenheit passierte im Mai 1942. Johanna von Weismayr verlangte eine Henne von Katharina Samhaber. Als sie diese nicht erhielt, soll von Weismayr gesagt haben, dass die Luderbauern noch genug zu fressen hätten. Erst wenn die Revolution komme, dann würden sie die Ersten sein, auf die losgegangen werde.

Im Sommer 1943 sprachen von Weismayr und Samhaber über die Kriegsverhältnisse und über die feindlichen Fliegerangriffe. Johanna von Weismayr soll gesagt haben: „Die feindlichen Flieger kommen nicht her. Otto hat schon für uns geredet, daß (sic!) Österreich nicht bombardiert wird. Otto wird einmal Österreich übernehmen, dann wird es wieder für uns besser."

Als Johanna von Weismayr im August 1943 das letzte Mal in Pelndorf war, forderte sie abermals Lebensmittel von ihrer Pächterin. Samhaber gab ihr jedoch keine, worauf Johanna von Weismayr Folgendes gesagt haben soll: „In vier Monaten wird alles anders sein, dann werden Sie mir etwas geben müssen, weil der Krieg aus ist und wir wieder alles bekommen werden."

Ursprünglich sollte die Verhandlung gegen Johanna von Weismayr am 22. Juni 1944 stattfinden. Sie wurde jedoch vertagt, da Johanna von Weismayr nicht prozessfähig war. Es traten Symptome einer Haftpsychose bei ihr auf, weswegen sie in die Heilanstalt Lehen überstellt wurde. Dort blieb sie bis Kriegsende. Erst im Juni 1945 wurde sie von ihrem Mann, der bis Mai 1945 in Haft war, in Lehen abgeholt. Beide blieben nach den traumatischen Erlebnissen in Salzburg und ließen sich in Salzburg-Schallmoos nieder.

Franz Zeiß

Geboren: 7. November 1892
Herkunft: Pongau
Ort: Altenmarkt im Pongau
Ort der Verhaftung: Stadt Salzburg
Beruf: Priester
Familienstand: ledig; keine Kinder
Widerstandsgruppe: Religiös

Der in Altenmarkt im Pongau geborene Franz Zeiß ging nach dem Besuch der Volksschule nach Salzburg. Dort besuchte er das Gymnasium und studierte Theologie.

Nach dem Studium arbeitete er als Stadtpfarrer in unterschiedlichen Pfarren der Landeshauptstadt. Politisch führte Zeiß ein völlig unscheinbares Leben. Weder in der Ersten Republik noch in der Zeit des Austrofaschismus sind politische Aktionen von ihm bekannt. Auch in den ersten beiden Jahren des NS-Regimes verhielt sich Zeiß unauffällig.

Am 13. März 1940 sollte sich dies jedoch ändern. Schergen der Gestapo verhafteten ihn und lieferten ihn umgehend in das Polizeigefängnis Salzburg ein. Dort saß er bis zum 19. Februar 1941 ein. An besagtem 19. Februar 1941 überstellte man Zeiß in das Landesgerichtsgefängnis. Dort wartete er auf seinen Prozess wegen „Heimtücke".

Zwei Polizisten, Max Klimitsch und Franz Jänger, sowie Klimitschs Ehefrau, Angela Klimitsch, hatten sich Franz Zeiß anvertraut. Sie verrieten ihm, dass sämtliche Pfarrhöfe in der Landeshauptstadt von der Gestapo nach Feldpostadressen durchsucht würden. Zeiß meldete dieses „Staatsgeheimnis", das ihm anvertraut wurde, nicht. Aus diesem Grund wurde er am 12. Juli 1941, nach fast genau sechzehn Monaten in Untersuchungshaft, zu zehn Monaten Gefängnis verurteilt. Da ihm aber seine sechzehnmonatige Untersuchungshaft angerechnet wurde, erfolgte noch am selben Tag seine Enthaftung.

Zeiß versuchte, die restliche Kriegszeit so unauffällig wie nur möglich zu überstehen. Dies gelang ihm auch, da keine weiteren Repressalien des nationalsozialistischen Terrorregimes gegen ihn bekannt sind.

Hans Ziegleder

Geboren: 20. April 1899
Herkunft: Oberösterreich
Ort: Orth im Innkreis
Ort der Verhaftung: Paris (Frankreich)
Beruf: Hilfsarbeiter
Familienstand: verheiratet, ein Kind (28. Mai 1923)
Widerstandsgruppe: Kommunistisch (Spanienkämpfer)

Schon in der Ersten Republik trat Hans Ziegleder der Kommunistischen Partei Österreich bei. In der Zeit des Austrofaschismus war er aktiver Widerstandskämpfer, weswegen er 1934 für neun Monate in ein Anhaltelager gebracht wurde. Am 1. Mai 1935 flüchtete Ziegleder aufgrund seiner politischen Gesinnung in die damalige Tschechoslowakei. Bis Oktober 1936 war er in einem Emigrantenlager in der CSR untergebracht. Mit der Eskalierung des Bürgerkriegs in Spanien meldete sich Ziegleder freiwillig zu den Internationalen Brigaden. Über Frankreich kam er im Oktober 1936 nach Spanien. Am 12. Mai 1938 wurde Ziegleder bei einer Kampfhandlung schwer verwundet und man brachte ihn umgehend in ein Lazarett nach Frankreich.

Nach seiner Genesung blieb er in Frankreich und fand in Paris eine neue Heimat. Dort verhaftete ihn die Gestapo im Oktober 1940. Am 2. Mai 1941 wurde Hans Ziegleder aufgrund seines Einsatzes bei den Internationalen Brigaden und seiner Mitgliedschaft in der Kommunistischen Partei Österreich in das Konzentrationslager Dachau gebracht. Knapp vier Jahre internierte man Ziegleder in Dachau. Erst mit der Befreiung des Konzentrationslagers am 29. April 1945 durch die „Rainbow Division" endeten für Hans Ziegleder der jahrelange Terror und die Qualen des Konzentrationslageralltags.

Nach dem Krieg ließ er sich in Hallein nieder. Der lange Schatten des Austrofaschismus begleitete Hans Ziegleder jedoch noch einige Jahre. Aufgrund seines Einsatzes bei den Internationalen Brigaden verlor er vorübergehend die österreichische Staatsbürgerschaft. In der Folge musste er etliche Anträge für die erneute Ausstellung der österreichischen Staatsbürgerschaft stellen. Schließlich wurde seinem Antrag auf Einbürgerung im November 1946 stattgegeben.

Analyse der Einzelschicksale

Für dieses Projekt wurden fünfzig Einzelschicksale von Widerstandskämp-ferInnen ausgesucht. Diese fünfzig Einzelschicksale wurden hinsichtlich vier Faktoren analysiert.

1. auf die Widerstandsgruppe
2. auf ihre Herkunft
3. auf ihre Ausbildung
4. auf das Strafausmaß

In der durchgeführten Studie zeigte sich eine große Breite an unterschiedlichen Widerstandsgruppen. Die fünfzig Einzelschicksale wurden in sieben Wider-standsgruppen eingeteilt.

1. Sozialdemokratisch
2. Gewerkschaftlich
3. Kommunistisch
4. Religiös
5. Individuell
6. Militärisch
7. Konservativ

Die Einteilung in die sieben Widerstandsgruppen erfolgte nach biografischen Informationen über die einzelnen WiderstandskämpferInnen. Zumeist erfolgte dies ohne nennenswerte Probleme. Lediglich bei ein paar wenigen Widerstands-kämpferInnen war die Einteilung in die Widerstandsgruppen etwas komplexer. Ich habe mich dazu entschlossen, bei den wenigen Problemfällen den jeweiligen Verhaftungsgrund als Maßstab für die Einteilung zu verwenden. Somit werden die WiderstandskämpferInnen lediglich ein Mal in eine Gruppe eingeteilt, mögliche Verwirrungen sollten damit ausgeschlossen sein.

Über fünfzig Prozent der analysierten WiderstandskämpferInnen kamen aus dem linken Parteienspektrum. Sechzehn WiderstandskämpferInnen hatten einen sozialdemokratischen und zwölf einen kommunistischen Hintergrund. Jeweils fünf WiderstandskämpferInnen wurden in die Widerstandsgruppe Religiös sowie Individuell eingeteilt. Jeweils vier der behandelten Einzelschicksale gehörten den Widerstandsgruppen Gewerkschaft, Militär sowie Konservativ an.

Sozialdemokratisch	Gewerkschaftlich	Kommunistisch	Religiös
Mathias Bauer	Josef Klaushofer	Eduard Erleshofer	Mathilde Jelinek
Gottfried Doppler	Ludwig Schmidhuber	Johann Haas	Friedrich Meinhart
Franz Egeo	Franz Schweiger	Regine Kucera geb. Kästenbauer	Maria Meinhart
Mathias Flatscher	Adam Weiß	Georg Lacher	Karl Strohmayer
Eduard Goldmann		Felix Lackner	Franz Zeiß
Franz Hatzmann		Josef Oberlader	
Georg Höllbacher		Franz Reinthaler	
Rudolf Krenmaier		Georg Schaller	
Maximilian Lichtmanegger		Josef Steiner	
Margarethe Pfeifenberger		Josef Stoltschnig	
Johann Prieschl		Maria Stoltschnig	
Karl Rauter		Hans Ziegleder	
Franz Renner			
Ferdinand Robl			
Sebastian Saringer			
Johann Schattauer			

Individuell	Militärisch	Konservativ
Robert Bannholzer	Engelbert Haslauer	Dr. Hans Deutsch
Otto Hinteregger	Max Just	Michael Hohensinn
Ernst Lassacher	Anton Niedermüller	Dr. Rudolf Stummer
Josef Lueginger	Josef Wedam	Johanna v. Weismayr geb. Pianta
Elisabeth Mayr		

Hinsichtlich der Herkunft der WiderstandskämpferInnen gab es keinen signifikanten Unterschied zwischen „echter" und „nicht echter" SalzburgerIn. 46 Prozent der untersuchten WiderstandskämpferInnen stammten auch aus dem Bundesland Salzburg, 54 Prozent stammten aus dem heutigen Österreich sowie aus Gebieten der ehemaligen Monarchie.

Innerhalb Salzburgs gab es, was die Herkunft der WiderstandskämpferInnen betraf, deutliche Unterschiede. Der Pongau und der Pinzgau stellten mit je sechs WiderstandskämpferInnen die größte Gruppe. Ihnen folgten die Stadt Salzburg mit fünf, der Tennengau mit drei und der Flachgau mit zwei WiderstandskämpferInnen. Aus dem Lungau stammte Margarethe Pfeifenberger.

Bemerkenswert war, dass kein Widerstandskämpfer des Pongaus aus den traditionellen sozialdemokratischen Hochburgen, wie etwa Bischofshofen oder Schwarzach, kam. Drei Widerstandskämpfer kamen aus der Gemeinde Altenmarkt. Das sind immerhin 50 Prozent der Widerstandskämpfer des Pongaus. Jeweils ein Widerstandskämpfer kam aus Hofgastein im Gasteinertal, einer aus Werfen und einer aus Lend. Mit Ferdinand Robl und Josef Klaushofer sind gleich zwei Mitglieder der Widerstandsgruppe Werfen-Sulzau gebürtige Pongauer.

Im Pinzgau stammten zwei Widerstandskämpfer aus der Gemeinde Leogang. Die restlichen vier verteilten sich über den gesamten Bezirk. Die bekennenden Sozialdemokraten Franz Renner und Sebastian Saringer stammten aus den sozialdemokratisch geprägten Städten Zell am See und Saalfelden, Mathias Flatscher stammte aus Maishofen und Ernst Lassacher wurde in Mittersill geboren.

Die drei Widerstandskämpfer des Tennengaus stammten aus der Bezirkshauptstadt Hallein, dem Markt Golling sowie der Gemeinde St. Koloman. Aus den beiden letztgenannten Orten stammten Georg Höllbacher und Adam Weiß. Sie waren ebenfalls Mitglieder der Widerstandsgruppe Werfen-Sulzau.

Neben Anton Niedermüller, der aus Nußdorf am Haunsberg kam, stammte auch Engelbert Haslauer aus dem Flachgau. Haslauer wurde 1914 in Aigen geboren. Aigen selbst wurde erst am 1. Jänner 1939 in die Landeshauptstadt Salzburg eingemeindet. Betrachtete man jene WiderstandskämpferInnen, die nicht aus Salzburg stammten, kristallisierte sich Oberösterreich und insbesondere das Innviertel als Herkunftsregion dieser WiderstandskämpferInnen heraus. Von den neun OberösterreicherInnen stammten acht aus dem Innviertel. Der neunte oberösterreichische Widerstandskämpfer, Max Just, war ein gebürtiger Bad Ischler. Aus Wien stammten sechs, aus dem Bundesland Kärnten fünf und aus Gebieten der ehemaligen Kronländer drei WiderstandskämpferInnen. Die Steiermark, Niederösterreich, Vorarlberg und Tirol sind jeweils mit einem Widerstandskämpfer vertreten.

Hinsichtlich der beruflichen Ausbildung spiegelten die fünfzig untersuchten Einzelschicksale deutlich die bildungspolitische Lage der Ersten Republik wider. Genau die Hälfte jener WiderstandskämpferInnen, bei denen eine Berufszuordnung möglich war, waren ArbeiterInnen. Rund 26 Prozent waren Angestellte und nur knapp elf Prozent hatten eine akademische Ausbildung bzw. einen akademischen Titel.

Bei 46 WiderstandskämpferInnen war eine Berufszuordnung möglich. In vier Fällen war dies jedoch leider nicht möglich. Norbert Haslauer wurde in seinem gesamten Akt lediglich als „Soldat" bezeichnet und auch aus seiner Vita lässt sich keine Ausbildung herauslesen. Maria Stoltschnig und Maria Meinhart gaben „Hausfrau" als Beruf an und Josef Oberlader gab überhaupt keinen Beruf an. Aus seinem Opferfürsorgeantrag lässt sich jedoch herauslesen, dass er, so wie auch Norbert Haslauer, mit großer Wahrscheinlichkeit einer sogenannten bildungsfernen Schicht angehörte und sich wahrscheinlich als Gelegenheitsarbeiter durchschlug.

Die 46 WiderstandskämpferInnen, deren Beruf und Ausbildung bekannt waren, wurden in vier Kategorien eingeteilt:

1. ArbeiterInnen
2. Angestellte
3. AkademikerInnen
4. Selbstständige

Genau die Hälfte, also 23 Personen, wurde in die Kategorie ArbeiterInnen eingeteilt. Neun wiederum gaben als Berufsbezeichnung explizit Hilfsarbeiter an. Die neun Hilfsarbeiter waren ausschließlich Männer. Sechs entstammten der Sozialdemokratischen und zwei der Kommunistischen Widerstandsgruppe. Josef Lueginger ist dem individuellen Widerstand zuzurechnen.

In der Kategorie Angestellte wurden jene KämpferInnen erfasst, die in einem Angestelltenarbeitsverhältnis beschäftigt waren. Insgesamt waren zwölf KämpferInnen in solchen Arbeitsverhältnissen beschäftigt, wobei sieben in verstaatlichten oder staatsnahen Betrieben beschäftigt waren. Karl Rauter, Mathias Bauer, Johann Schattauer und Maximilian Lichtmanegger arbeiteten als Eisenbahner. Josef Steiner, Franz Hatzmann und Robert Bannholzer waren als Kumpel in diversen Bergwerken beschäftigt. Josef Wedam und Mathilde Jelinek verdienten ihren Lebensunterhalt als Büroangestellte, Franz Renner war als Fernfahrer in einer Spedition angestellt, Eduard Goldmann arbeitete als Verkäufer und Georg Schaller war Schneider im Salzburger Landestheater.

Die Kategorie AkademikerInnen umfasste, bei großzügiger Auslegung, fünf KämpferInnen. Eigentlich waren es vier, aber Regine Kucera geb. Kästenbauer fiel als Studentin in diese Kategorie. Da sie jedoch bereits im November 1938 verhaftet wurde und bis Kriegsende ununterbrochen in Gefangenschaft war, konnte sie ihr Studium nicht abschließen. Des Weiteren waren mit Dr. Rudolf Stummer sowie Dr. Hans Deutsch zwei Juristen und mit Karl Strohmayer sowie Franz Zeiß zwei Theologen unter den untersuchten Einzelschicksalen.

Die vierte Kategorie bildeten die sogenannten Selbstständigen. Grundvoraussetzung für diese Kategorie war das aktive oder ehemalige Betreiben eines eigenständigen Gewerbes. Aus diesem Grund wurde auch Otto Hinteregger in diese Kategorie eingeteilt, obwohl er zum Zeitpunkt seiner Verhaftung wohl arbeitslos war. In jungen Jahren hatte er jedoch im ehemaligen Britisch-Indien als selbstständiger Kaufmann gearbeitet. Michael Hohensinn betrieb seinen eigenen Nahversorgerladen in Mauterndorf im Lungau, Rudolf Krenmaier hatte eine Bäckerei in Werfen, Johanna von Weismayr verdiente ihr Geld als freiberufliche Opernsängerin und Felix Lackner betrieb sein eigenes Friseurgeschäft. Vor ihrer Verhaftung arbeitete Elisabeth Mayr als selbstständige Fotografin in Prag.

In einem letzten Analysepunkt wird auf das Strafausmaß, zu welchem die fünfzig WiderstandskämpferInnen verurteilt wurden, eingegangen. In diesem Strafausmaß zeigten sich die gesamte Härte und der Terror der nationalsozialistischen Judikatur. Die Bandbreite des Strafausmaßes an den untersuchten Einzelschicksalen reichte von sechs Wochen bis hin zur Todesstrafe. Das Todesstrafenurteil gegen Elisabeth Mayr wurde jedoch nicht vollstreckt. Kurz vor ihrer Hinrichtung wurde die Strafe auf eine zehnjährige Gefängnisstrafe reduziert. Bei vier WiderstandskämpferInnen konnte kein Strafausmaß festgestellt werden. Johanna von Weismayr wurde kurz vor Prozessbeginn krank und daher prozessunfähig. Dr. Hans Deutsch wurde in der NS-Zeit zwar ständig verhaftet und im Zuge dieser Verhaftungen auch inhaftiert. Einem offiziellen Prozess konnte er jedoch durch Glück entgehen. Bei Ernst Lassacher und Otto Hinteregger konnte keine Prozessakte gefunden werden und somit ließ sich auch keine Auskunft über ein mögliches Strafausmaß geben.

Von jenen sechsundvierzig WiderstandskämpferInnen, bei denen das Strafausmaß bekannt war, wurden zwölf KämpferInnen in nationalsozialistische Konzentrationslager deportiert. Fünf von ihnen waren ehemalige Kämpfer bei den Internationalen Brigaden im Spanischen Bürgerkrieg. Josef Steiner, Hans Ziegleder und Franz Reinthaler wurden alle im Jahr 1941 in das Konzentrationslager Dachau deportiert und kamen erst im April 1945 wieder frei, als Dachau von der „Rainbow Division" befreit wurde. Georg Lacher wurde 1941 ebenfalls in das Konzentrationslager Dachau deportiert. Nach rund zwei Monaten in Dachau wurde er im März 1941 in das Konzentrationsaußenlager Gusen I, zur Sklavenarbeit, deportiert. Johann Haas wurde im Jänner 1942 nach Dachau deportiert und musste dort, so wie Steiner, Ziegleder und Reinthaler, bis in den April 1945 auf seine Befreiung warten.

Eduard Goldmann und Dr. Rudolf Stummer wurden wegen „Abhören feindlicher Sender" zuerst zu einer Gefängnisstrafe verurteilt. Nach jeweils rund eineinhalb Jahren Gefängnis wurde ihre Strafe unterbrochen und beide wurden in unterschiedliche Konzentrationslager deportiert. Viele Verurteilte teilten dieses Schicksal mit Eduard Goldmann und Dr. Rudolf Stummer. Nach dem „Endsieg" hätten Goldmann und Dr. Stummer ihre Reststrafe unverzüglich absitzen müssen. Goldmann wurde nach Buchenwald und Dr. Stummer nach Dachau gebracht.

Ebenfalls wegen „Abhören feindlicher Sender" wurde Josef Stoltschnig verurteilt. Aufgrund seiner Zugehörigkeit zur Kommunistischen Partei Österreich sowie dem Weitererzählen alliierter Nachrichten unter seinen ArbeitskollegInnen wurde sein Strafausmaß jedoch dramatisch erhöht. Seine Strafe lautete auf fünfzehn Jahre Zuchthaus plus zehn Jahre Ehrverlust. Er trat diese Strafe jedoch nie an, da man ihn umgehend in das Konzentrationslager Mauthausen deportierte. Erst im Mai 1945 wurde Stoltschnig aus Mauthausen befreit. Georg Schaller wurde im September 1944 aufgrund ständiger Denunziationen von ArbeitskollegInnen in das Konzentrationslager Dachau verschleppt und im April 1945 befreit. Das Ehepaar Friedrich und Maria Meinhart wurde aufgrund seiner religiösen Überzeugung, beide waren Zeugen Jehovas, im November 1939 in unterschiedliche Konzentrationslager deportiert. Friedrich Meinhart wurde nach Sachsenhausen gebracht und seine Frau in das Frauenkonzentrationslager Ravensbrück. Bereits im März 1938, unmittelbar nach dem Anschluss, wurde Michael Hohensinn als Schutzhäftling in das Konzentrationslager Dachau deportiert. Ende August 1938 entließ man ihn jedoch wieder.

Die Bandbreite der Verurteilungen jener WiderstandskämpferInnen, die nicht in ein Konzentrationslager deportiert wurden, teilte sich in insgesamt fünf Gruppen auf.

1. „Hochverrat" und „Vorbereitung zum Hochverrat"
2. „Heimtücke"
3. „Zersetzende Hetzreden"
4. „Wehrkraftzersetzung"
5. Sonstiges

Überwiegend wurden die KämpferInnen jedoch wegen „Hochverrats" und „Heimtücke" verurteilt. Vierzehn Mal wurden WiderstandskämpferInenn wegen „Vorbereitung zum Hochverrat" sowie „Hochverrats" verurteilt. Im Durchschnitt wurden die vierzehn KämpferInnen zu vier Jahren und vier Monaten Gefängnis verurteilt. Wobei Ferdinand Robl mit acht Jahren das höchste und Maria Stoltschnig mit sechs Monaten das niedrigste Strafausmaß erhielten.

Aufgrund von „Heimtücke" wurden neun KämpferInnen verurteilt. Hier lag das durchschnittliche Strafausmaß bei rund zehn Monaten. Hinsichtlich des Strafausmaßes gibt es beim Vergehen der „Heimtücke" als auch bei „Hochverrat" gravierende Unterschiede. Margarethe Pfeifenberger wurde zu zwei Jahren Gefängnis verurteilt, Johann Prieschl wurde zu zwei Monaten Arrest verurteilt.

Jeweils zwei Verurteilungen gab es wegen „zersetzender Hetzreden" und „Wehrkraftzersetzung". Das durchschnittliche Strafausmaß bei diesen Delikten betrug jeweils ein Jahr Gefängnis.

Bei vier KämpferInnen war eine Einteilung in eine der vier Kategorien nicht möglich. In der Kategorie Sonstiges wurde Mathias Bauer aufgrund von „staatsfeindlichen Aussagen" zu sechs Monaten Gefängnis, Gottfried Doppler wegen „Mitwisserschaft an staatsfeindlichen Tätigkeiten" zu dreieinhalb Jahren Gefängnis verurteilt. Elisabeth Mayr bot „Reichsfeinden" (JüdInnen) Unterschlupf und wurde deswegen in erster Instanz zum Tode verurteilt, jedoch in zweiter Instanz mit viel Glück begnadigt und zu zehn Jahren Gefängnis verurteilt. Pater Pazifikus wurde wegen „Verbrechen der Kriegswirtschaftsordnung" zu einem Jahr Gefängnis verurteilt.

Drei Kämpfer wurden als Angehörige der deutschen Wehrmacht vor ein Kriegsgericht gestellt und von diesem verurteilt. Josef Wedam desertierte zwei Mal und bekam eine im Vergleich milde Strafe von insgesamt zehn Wochen Arrest. Max Just und Engelbert Haslauer hatten weniger Glück. Beide wurden von einem Standgericht zu jeweils fünf Jahren Arrest verurteilt.

Widerstand vor und nach dem 22. Juni 1941

Untersuchte man nun das Strafausmaß hinsichtlich des Russlandfeldzugs, so ergaben sich auffällige Verschiebungen in der Statistik.

Von den fünfzig untersuchten Personen wurden dreiundzwanzig vor dem 22. Juni 1941 verhaftet, verurteilt oder denunziert und siebenundzwanzig nach Beginn des Russlandfeldzugs. Da die Anzahl der Verhaftungen der untersuchten Einzelschicksale sich nur geringfügig unterscheidet, kann der Beginn des Russlandfeldzugs nicht als Indikator für eine plötzlich auftretende Verhaftungswelle gesehen werden. Betrachtet man jedoch einzelne Gruppen des Widerstands, so lässt sich mit dem Beginn des Russlandfeldzugs eine gewisse Zäsur feststellen. Mit Beginn des Russlandfeldzugs änderten sich Strafausmaß sowie die Gruppen jener Menschen, die nun vermehrt verfolgt wurden.

Von den zwölf KämpferInnen, die in Konzentrationslager verschleppt wurden, wurden sieben vor Beginn des Russlandfeldzugs dorthin deportiert. Eine fast geschlossene Gruppe bildeten hierbei die Spanienkämpfer, welche bis auf Johann Haas zwischen März und Mai 1941 deportiert wurden. Des Weiteren wurden das Ehepaar Meinhart und Michael Hohensinn ebenfalls vor dem Russlandfeldzug ins Konzentrationslager verschleppt. Eduard Goldmann, Dr. Rudolf Stummer, Josef Stoltschnig, Johann Haas und Georg Schaller wurden erst nach ihrem Prozess, ihrer Verhaftung oder eines partiellen Absitzens ihrer Strafe in ein Konzentrationslager verschleppt.

Von den vierzehn KämpferInnen, die aufgrund von „Hochverrat" sowie „Vorbereitung zum Hochverrat" verurteilt wurden, wurden dreizehn nach Beginn des Russlandfeldzugs verhaftet. Lediglich Regina Kucera wurde im Mai 1941 verurteilt. Diesen 13 KämpferInnen gehörten alle Mitglieder der Widerstandsgruppe Werfen-Sulzau an. Auf diese Gruppe soll im Verlauf der Arbeit noch genau eingegangen werden.

Ebenso mehr KämpferInnen wurden nach Beginn des Russlandfeldzugs aufgrund von „Heimtücke" verhaftet bzw. verurteilt. Zwei Drittel kamen nach und ein Drittel vor dem Vernichtungskrieg gegen die Sowjetunion in die Mühlen der NS-Justiz.

Komplementär zu „Hochverrat" und zu „Heimtücke" verhielt es sich mit dem Tatbestand der „Wehrkraftzersetzung". Beide Opfer wurden vor dem Russlandfeldzug deswegen verurteilt. Aufgrund von „zersetzenden Hetzreden" wurde jeweils ein Opfer vor, sowie ein Opfer nach dem Russlandfeldzug verhaftet.
In der Kategorie Sonstiges wurde Pater Pazifikus vor dem Russlandfeldzug verhaftet und Mathias Bauer, Gottfried Doppler und Elisabeth Mayr jeweils nach Beginn.

Die Soldaten Josef Wedam und Engelbert Haslauer kamen vor der „Operation Barbarossa" und Max Just nach dem 22. Juni 1941 vor ein militärisches Standgericht.

Bei jenen vier WiderstandskämpferInnen, wo kein Strafausmaß festgestellt werden konnte, wurden Dr. Hans Deutsch, Ernst Lassacher und Otto Hinteregger vor dem Überfall auf die Sowjetunion und Johanna von Weismayr nach dem Überfall verhaftet bzw. verurteilt.

Widerstand hat sich im untersuchten Umfeld auf unterschiedlichste Art und Weise gezeigt. Die Teilnahme an verbotenen Treffen, regimekritische Äußerungen gegen hohe RepräsentantInnen des NS-Regimes sowie gegen ihre Politik oder die Denunzierung von ArbeitskollegInnen konnten zur Verhaftung führen.

1941 ist in Hinblick auf den europäischen Kriegsschauplatz das zentrale Jahr. Mit dem Überfall Nazi-Deutschlands auf die Sowjetunion erreichte der Zweite Weltkrieg die nächste Stufe an Brutalität und Menschenverachtung. Dieser Feldzug gegen die Sowjetunion wurde unter der Führung Hitlers vom Oberkommando der Wehrmacht dezidiert als Vernichtungskrieg gegenüber den feindlichen Soldaten sowie gegen die Zivilbevölkerung geführt. Ziel war es, germanischen bzw.

deutschen Lebensraum zu schaffen ohne Rücksicht auf die einheimische Bevölkerung. Diese Rücksichtslosigkeit und beispiellose Brutalität lässt sich in einer kurzen Statistik über die sowjetischen Opfer zwischen dem 21. Juni 1941 und dem 8/9. Mai 1945 zeigen.

28 Millionen Russen (ein Siebtel der damaligen Bevölkerung) waren tot. Sie starben als Soldaten, Kriegsgefangene, Partisanen, unschuldige Zivilisten, Sklaven etc. Weniger als fünf Prozent der Jugendlichen zwischen 17 und 21 Jahren haben überlebt. An jedem einzelnen
der 1418 Tage des Kriegs starben fast 19.000 Menschen. Über 1700 Städte und über 70.000 Dörfer wurden zerstört. Die Wehrmacht legte 60 Prozent der Stahlwerke still und 60 Prozent der Kohlebergwerke. 65.000 Kilometer Gleise, 4100 Bahnhöfe, 36.000 Kommunikationszentren und Hunderttausende staatliche Bauernhöfe wurden zerstört. 40.000 medizinische Einrichtungen, 84.000 Schulen und 43.000 öffentliche Bibliotheken wurden ebenfalls zerstört oder geplündert. Über 25 Million Menschen wurden obdachlos.

Der Russlandfeldzug bedeutete für die deutsche Zivilbevölkerung eine signifikante Verschlechterung der Versorgungslage mit Lebensmitteln und Rohstoffen. Soldaten der Wehrmacht und die Schergen der SS, Waffen-SS, SA sowie Gestapo hatten mit Beginn des Russlandfeldzugs bevorzugten Anspruch auf Lebensmittel. Teile der Zivilbevölkerung zeigten sich empört über die Verschlechterung ihrer materiellen Situation. Dieses Phänomen zeigte sich auch teilweise in den untersuchten Einzelschicksalen. Explizit zur Versorgungslage äußerten sich zwei Widerstandskämpfer.

Franz Egeo verglich die Versorgungslage zwischen beiden Weltkriegen: „... jetzt ist es schon schlechter als im Weltkrieg, weil man die Lebensmittel nicht mehr bekommt, wie man sie im Weltkrieg erhalten hat".

Johann Prieschl sagte über die sich verschlechternde Versorgungslage: „... wir haben erst ein Dreivierteljahr Krieg und schon gibt es kein Bier mehr. Wie wird es erst sein, wenn drei bis vier Jahre Krieg ist?"
Pater Pazifikus wurde zwar nicht aufgrund einer Äußerung zur Versorgungslage verhaftet, betrachtet man sein Schicksal aber genauer, so lässt sich der lange Schatten des Russlandfeldzugs bereits erahnen. Als er im März 1941 verhaftet wurde, wurde ihm vorgeworfen, dass er größere Mengen an Lebensmittel hor-

tete und diese Mengen vor der Allgemeinheit, sprich Angehörigen des Militärs und ihrer Organisationen, versteckte. Der Priester Felix Gredler, der im Juni 1942 im Konzentrationslager Dachau verstarb, wurde im September 1940 ebenfalls aufgrund von Verbrechen nach §1 Abs. 1 der Kriegswirtschaftsverordnung verhaftet. Im April 1941 wurde er zu sieben Monaten Arrest verurteilt, da er zu wenig Butter und Eier für die Allgemeinheit bereitstellte.

Ab dem Jahr 1940/41 stieg die Zahl jener Personen rapide an, welche wegen Verbrechen nach §1 Abs. 1 der Kriegswirtschaftsverordnung verurteilt wurden. In das Visier des nationalsozialistischen Terrorregimes kam hierbei häufig der Klerus. Da dem Klerus zumeist kein Vergehen im Sinne der NS-Judikatur angehängt werden konnte, wurden seine Mitglieder häufig nach dem §1 Abs. 1 der Kriegswirtschaftsverordnung verurteilt. Sie wurden als raffgierige „Horter" dargestellt, welche Lebensmittel lieber verderben ließen, als sie dem Militär auszuhändigen. Durch diese Verurteilungen versuchte das NS-Terrorregime, das Ansehen des Klerus in der Gesellschaft zu diskreditieren. Gelungen ist dem NS-Regime dieses Vorhaben jedoch nicht.

Neben der signifikanten Verschlechterung der Versorgungslage wurde der Russlandfeldzug auch als ein Symbol dafür gesehen, dass Hitler und die deutsche Wehrmacht im kalten

Winter der schier unendlich großen Sowjetunion scheitern werden. Für viele WiderstandskämpferInnen war mit dem Beginn des Russlandfeldzugs klar, dass dieser Feldzug eine Zäsur im Kriegsverlauf einnehmen wird. Vier von fünfzig WiderstandskämpferInnen wurden aufgrund einer negativen Äußerung über den Russlandfeldzug festgenommen und in weiterer Folge deswegen verurteilt. Franz Egeo sagte über den Russlandfeldzug: „.... An der Stalin-Linie wird es kein Weichen der Russen geben. Die Deutschen sind gerade gleich wie die Russen, sie machen im Kampf keinen Unterschied und gehen gegen Frauen und Kinder genauso rücksichtslos vor. Der Nationalsozialismus muss unterdrückt werden. Die Welt wird nicht so blöd sein, sich vom Deutschen kommandieren zu lassen..."

Mathias Flatscher tätigte im Juli 1941 folgende Aussage über den Russlandfeldzug: „Der Russe wird kommen, so sicher wie das Amen im Gebet. Hitler und Göring können nicht verantworten, was sie durch den Krieg angestellt haben, sie sind die größten Volksverbrecher. Der Krieg ist schon zur Zeit der Machtübernahme durch den Führer geplant gewesen und beim Anschluss Österreichs an Deutschland hat der Führer gewusst, dass nun der Krieg bald kommen wird."

Ende 1941 sagte Johann Prieschl: „Ich bin der Ansicht, dass der Krieg gegen die Russen nicht zu gewinnen ist. Die Russen sind viel besser gerüstet als die Deutschen. Sie (die Deutschen, Anm. d. Autors) sind ihnen (den Russen, Anm. d. Autors) nicht gewachsen."

Sebastian Saringer sagte im Juli in einem Gespräch: „Deutschland ist zu klein für den Krieg."

Die Aussagen gaben ein eindeutiges Bild über die Meinungen von Egeo, Flatscher, Prieschl und Saringer über den Russlandfeldzug wieder. Alle vier lehnten den Vernichtungsfeldzug ab, da ihnen bewusst war, dass die „Operation Barbarossa" militärisch scheitern wird. Die Strategie des Blitzkriegs konnte in den schier unendlichen Weiten der Sowjetunion nicht angewendet werden.

Aufgrund einer Äußerung zu einem anderen zentralen Ereignis 1941 wurde Ernst Lassacher verhaftet. Am 14. Mai 1941, lediglich vier Tage nachdem Rudolf Heß über Schottland abstürzte, sagte Lassacher zu seinem Arbeitskollegen: „Fritz, jetzt mußt (sic!) du dem Heß seine Stelle vertreten, pack'z'samm (sic!) und schau daß (sic!) du weiter kommst – jetzt sollen noch ein paar versagen, nachher wäre der Krieg aus."

Aufgrund dieser Aussage verhaftete man ihn am 22. Mai 1941.

Eisenwerk Werfen-Sulzau: Organisierter Widerstand in Salzburg

Grundsätzlich gab es zwei Möglichkeiten, Widerstand gegen das NS-Terrorregime zu leisten. Einerseits konnte man sich aktiv bei verbotenen politischen Parteien, in Widerstandszirkeln oder individuell betätigen sowie andererseits passiv etwa durch Geld- oder Lebensmittelspenden. In größeren Städten war die Möglichkeit, Widerstand zu leisten, um einiges leichter als in ländlich geprägten Gebieten. Betrachtete man die fünfzig WiderstandskämpferInnen genau, so waren sie zumeist aktive KämpferInnen. Organisiert im Sinne von einem eigenständigen Zirkel waren sie in den meisten Fällen jedoch nicht. Natürlich hatten etliche von ihnen Verbindungen zu verbotenen politischen Parteien sowie Widerstandszirkeln, aber als eigenständige Widerstandsgruppe, wie etwa jene Gruppen um Engelbert Weiß oder Franz Ofner, waren sie nicht tätig. Möglicherweise bestand ein Bekanntschafts- bzw. Naheverhältnis mit Mitgliedern der großen Salzburger Widerstandsgruppen. Die verwendeten Quellen lieferten in diesem Fall jedoch keinen Beweis. Bei den Recherchearbeiten für dieses Projekt kristallisierte sich jedoch ein organisierter Zirkel heraus, der eine eigenständige Gruppe von sieben Widerstandskämpfern umfasste. Die Mitglieder dieser Gruppe waren bis auf zwei Ausnahmen alle im Eisenwerk Werfen-Sulzau beschäftigt. Die Gruppe flog geschlossen im Juli/August 1941 auf und alle Mitglieder wurden zu langen Gefängnisstrafen verurteilt.

Die Widerstandsgruppe, die wahrscheinlich von Ferdinand Robl angeführt wurde, bestand des Weiteren aus Josef Klaushofer, der wahrscheinlich Robls Stellvertreter war, Rudolf Krenmaier, Georg Höllbacher, Ludwig Schmidhuber, Adam Weiß und Franz Hatzmann. Hatzmann war zwar nicht im Eisenwerk Werfen-Sulzau beschäftigt, er arbeitete als Bergmann in Mühlbach am

Hochkönig, trotzdem war er durch privaten Kontakt mit anderen Kämpfern ein Teil dieser Widerstandsgruppe. In einem Schreiben an die Opferfürsorge Zell am See vom 14. März 1953 schildert Franz Hatzmann seine Verbindungen zur Werfener Widerstandsgruppe: „... Kollegen von Tennek-Werfen, die bei mir in Salzburg waren und nach meiner Verurteilung in verschiedene Lager und KZ kamen. Weiss Adam, Robl Ferdinand, Schmidhuber Willi, Klaushofer Josef, Höllbacher Georg." Rudolf Krenmaier war auch nicht im Eisenwerk beschäftigt. Er arbeitete als Bäckermeister in Werfen-Sulzau. Krenmaier war jedoch eng mit den Mitgliedern befreundet und hielt wahrscheinlich Gruppentreffen in seinen Räumlichkeiten ab.

Die Gruppe formierte sich wahrscheinlich Ende 1939 oder Anfang 1940. Einige Mitglieder der Widerstandsgruppe waren ehemalige Mitglieder der ab 1934 verbotenen Sozialdemokratischen Arbeiterpartei. Nach dem BürgerInnenkrieg von 1934 engagierten sich Ferdinand Robl und Georg Höllbacher in den illegalen freien Gewerkschaften. Da die Widerstandskämpfer in einem für die Nationalsozialisten kriegswichtigen Betrieb arbeiteten, konnten sie sich in den ersten beiden Kriegsjahren dem Militärdienst entziehen. Georg Höllbacher etwa wurde erst im Juli 1941, also kurz nach Beginn des Russlandfeldzugs, zur Wehrmacht eingezogen. Er wurde auch nicht sofort, wie die anderen Mitglieder der Widerstandsgruppe, verhaftet. In seinem Gerichtsakt heißt es: „... von einer Verhaftung dieser Person mußte (sic!) vorerst Abstand genommen werden, da sie sich seit Juli 1941 bei der Wehrmacht befindet."

Im Frühling 1941 gingen anonyme Hinweise bei der Salzburger Gestapo ein. Kurze Zeit später, im Juni 1941, wurde Ferdinand Robl festgenommen. Im August folgten dann die Verhaftungen von Klaushofer, Krenmaier, Höllbacher, Schmidhuber, Weiß und im September von Franz Hatzmann. Über Aktivitäten, die in dem eineinhalbjährigen Bestehen der Widerstandsgruppe durchgeführt wurden, gibt es leider kein Quellenmaterial. Mit größter Wahrscheinlichkeit bestand ihre Hauptaktivität jedoch in regelmäßigen Treffen, Aufklärung ihrer ArbeitskollegInnen sowie im Hören alliierter Radiosender.

In einem Prozess am Salzburger Landgericht wurden die Werfener Widerstandskämpfer zu mehrjährigen Gefängnisstrafen verurteilt. Da der Gerichtsakt von Georg Höllbacher erhalten geblieben ist, lässt sich der Bericht der Gestapo Salzburg gegen die Widerstandsgruppe rekonstruieren: „Im Sommer 1941 gingen der

Staatspolizeistelle Salzburg eine Anzahl von Unterlagen zu, wonach ehemalige SPÖ-Mitglieder und Sympathisierende in Konkordiahütte (Eisenwerk Werfen-Sulzau), Krs. Bischofshofen, eine kommunistische Tätigkeit entfalten. Die Ermittlungen haben den Beweis dafür erbracht, daß (sic!) sich die ehem. Marxisten in Konkordiahütte zum Kommunismus bekannten und einen organisatorischen Zusammenbruch herstellten…"

Ferdinand Robl, der als Kopf der Gruppe gesehen wurde, bekam mit acht Jahren Gefängnis die höchste Strafe. Robl und Klaushofer verbüßten ihre Gefängnisstrafen. Krenmaier, Höllbacher, Schmidhuber, Weiß und Hatzmann mussten ihre Haft in den Jahren 1943/44 unterbrechen, da man sie dem Bewährungsbataillon 999 zuteilte. Dort mussten sie gefährlichste militärische Arbeiten verrichten und überlebten nur mit Glück. Betrachtet man das Schicksal dieser Widerstandsgruppe genau, so grenzt es an ein Wunder, dass alle Mitglieder der Gruppe die Folter und die erlittenen Torturen in diversen Gefängnissen und in der Strafkompanie überlebten.

Nach dem Ende des Kriegs kehrten die Widerstandskämpfer teilweise wieder nach Werfen zurück. Robl, Klaushofer und Weiß arbeiteten wieder an ihrem alten Arbeitsplatz im Eisenwerk. Schmidhuber blieb zwar auch in Werfen, arbeitete jedoch nun als Gemeindebediensteter. Krenmaier eröffnete wieder seine Bäckerei. Lediglich Franz Hatzmann und Georg Höllbacher verließen Werfen beziehungsweise Mühlbach am Hochkönig. Hatzmann ging nach Mittersill im Oberpinzgau und arbeitete dort als Betriebsaufseher und Höllbacher ging nach Bad Hofgastein, um dort als Maschinist zu arbeiten.

Die Nationalsozialisten versuchten in ihrer Propaganda, das Eisenwerk Werfen-Sulzau als nationalsozialistischen Musterbetrieb darzustellen. Gewiss, etliche Mitarbeiter passten sich an, arrangierten sich mit dem System und trugen ihren Teil zum Unrechtsregime bei. Eine kleine Gruppe jedoch stand auf, arrangierte sich nicht und passte sich nicht an. Obwohl ihnen die Konsequenzen ihres Handelns bewusst waren. Ferdinand Robl, Josef Klaushofer, Adam Weiß, Rudolf Krenmaier, Ludwig Schmidhuber, Georg Höllbacher und Franz Hatzmann taten etwas Besonderes, ja Außergewöhnliches. In einer Zeit, in der sich die überwiegende Mehrheit der Bevölkerung diesen Schritt nicht zutraute, leisteten sie Widerstand gegen das nationalsozialistische Unrechtsregime.

Zusammenfassung der Kriegs-ereignisse vom September 1939 bis Jahresende 1940

Nach dem deutschen Angriff auf Polen am 1. September 1939 erklärten zwar die vertraglichen Garantiemächte Polens, Frankreich und Großbritannien, dem Deutschen Reich bereits am 3. September den Krieg, doch kamen sie ihrer vertraglichen Garantie nicht nach, im Westen eine Offensive gegen Deutschland zu eröffnen.[1] Polen wurde im „Blitzkrieg" von den deutschen Truppen in weniger als vier Wochen militärisch besiegt, und es wurde gemäß einem geheimen Zusatz des Hitler-Stalin-Paktes zwischen dem Deutschen Reich und der Sowjetunion aufgeteilt.[2] In beiden polnischen Teilen begann für die Zivilbevölkerung schon kurz nach der Besetzung ein Leidensweg. Im Mittelpunkt der Verfolgungen, die teils mit Internierung, teils mit Erschießung endeten, standen die bürgerlichen, militärischen und intellektuellen Eliten. In den von den Deutschen besetzten Gebieten hatten natürlich von Anfang an die Juden ganz besonders zu leiden. Aber auch die einfache Bevölkerung war der jederzeitigen Willkür der Besatzer ausgesetzt. Erwähnenswert erscheint an diesem Punkt, dass die Gewalttaten gegen die Bevölkerung im deutschen Besatzungsteil 1939 fast gänzlich von der SS und der Gestapo ausgingen und Teile der Wehrmacht, wie etwa General Blaskowitz, Oberbefehlshaber der deutschen Truppen in Polen, über deren Verhalten schockiert waren.[3]

---

1 Vgl. dazu Hillgruber, Andreas/Hümmelchen, Gerhard, Chronik des Zweiten Weltkrieges. Kalendarium militärischer und politischer Ereignisse 1939–1945, Düsseldorf 1978, S. 12.2
2 Auch, nach seinen Unterzeichnern, Molotow-Ribbentrop-Pakt genannt, wurde im August 1939 in Moskau unterzeichnet, Hauptinhaltspunkt war ein auf zehn Jahre befristeter Nichtangriffspakt zwischen dem Deutschen Reich und der Sowjetunion und die Festlegung ihrer Interessenssphären.
3 Vgl. dazu Gilbert, Martin, Der Zweite Weltkrieg. Eine chronologische Gesamtdarstellung, München 1991, S. 22–29.

„Blaskowitz ließ die Meldungen über die Misshandlungen von Juden und Polen, über Vergewaltigungen, Plünderungen und Morde sammeln und übte in verschiedenen Denkschriften an den Oberbefehlshaber des Heeres, die schließlich auch bei Hitler landeten, scharfe Kritik. Am 6. Februar 1940 bilanzierte er: ‚Die Einstellung der Truppe zu SS und Polizei schwankt zwischen Abscheu und Hass. Jeder Soldat fühlt sich angewidert und abgestoßen durch diese Verbrechen, die in Polen von Angehörigen des Reiches und Vertretern der Staatsgewalt begangen werden.'"[4]

Kurz darauf wurde er als Oberbefehlshaber in Polen abgesetzt und an die Westfront abkommandiert. An der Westfront blieb es zwischen Frankreich und Großbritannien einerseits und Deutschland andererseits bis zum Frühjahr 1940 relativ ruhig. Lediglich eine begrenzte Offensive französischer Truppen im Saargebiet bildete eine Ausnahme. Und das, obwohl sich diese Staaten rechtlich im Kriegszustand befanden und es eine Frontlinie gab, an der Truppenkontingente zusammengezogen waren. Dieser Zustand erhielt die Bezeichnung „seltsamer Krieg" oder auch „Sitzkrieg", auf Englisch „phony war" und auf Französisch als „drôle de guerre" bezeichnet.[5]

Zur See blieb der Konflikt zwischen den Westmächten und dem Deutschen Reich nicht ganz so ruhig. Bereits mit 3. September begann die Handelskriegsführung im Atlantik und die deutschen U-Boote sollten sich vorerst als äußerst wirksame Waffe für diesen Krieg erweisen. So wurden bereits im September in der Nordsee und im Atlantik 48 alliierte Handelsschiffe mit einer Ladekapazität von fast 180.000 Bruttoregistertonnen (BRT) versenkt. Im Oktober waren es 34 Handelsschiffe mit fast 170.000 BRT, im November waren es 28 Handelsschiffe mit gut 75.000 BRT und im Dezember 37 Handelsschiffe mit zirka 100.000 BRT Ladekapazität[6], also fast 150 Handelsschiffe allein in den vier Kriegsmonaten des Jahres 1939.

In Nordeuropa kam Ende 1939 noch ein weiterer Kriegsschauplatz dazu. Und zwar überfiel die Sowjetunion Finnland, welches seit den Napoleonischen Krie-

---

4 http://www.bpb.de/themen/PTYTHH,2,0,Der_zweite_Weltkrieg.html, Homepage der Bundeszentrale für politische Bildung, aufgerufen am 2. 12. 2011.
5 Vgl. dazu Shilin, P. A., Shukow, E. M., Hg., Der zweite Weltkrieg. 1939-1945, Kurze Geschichte, Berlin 1985, S. 62.
6 Vgl. dazu Hillgruber/Hümmelchen, Chronik des Zweiten Weltkrieges, S. 13, 15, 17 und 19.

genbis zum Ende der Zarenzeit zu Russland gehört hatte. Im Herbst 1939 hatte die Sowjetunion Finnland mit Gebietsforderungen konfrontiert und diese mit unabdingbaren Sicherheitsinteressen für die Stadt Leningrad begründet. Nachdem Finnland die Forderungen abgelehnt hatte, griff die Rote Armee am 30. November 1939 das Nachbarland an. Die Sowjetunion war sich aufgrund ihrer zahlenmäßigen und technischen Überlegenheit eines schnellen Sieges so sicher, dass viele ihrer Soldaten in Sommeruniform aufmarschierten, obwohl der Winter vor der Türe stand. Doch sie hatten den Widerstandswillen der Finnen unterschätzt. Dieser Angriff verdrängte sogar die Teilung Polens aus der Weltpresse und in England, Frankreich, den USA und nicht zuletzt auch in Deutschland stieg die Bewunderung für dieses kleine Land, das sich den massiven Sowjetangriffen zu erwehren versuchte. Die Sowjetunion wurde als Reaktion auf ihre Aggressionen gegenüber Finnland aus dem Völkerbund ausgeschlossen.[7]

Die Finnen mussten sich schließlich der Übermacht beugen und in einem Friedensvertrag Anfang März 1940 die von der Sowjetunion geforderten Gebiete, große Teile Kareliens, abtreten. Eine wesentliche Folge dieses Winterkriegs war, dass Stalin mit einer Reorganisation der Roten Armee begann. Diese Reorganisation trug erheblich dazu bei, dass die Rote Armee 1941 über eine größere Widerstandskraft verfügte, als die Deutschen es erwartet hatten.

Aber zurück zu den Eroberungskriegen des Deutsch Reiches im Jahr 1940: In der ersten Jahreshälfte 1940 konnte die Wehrmacht den deutschen Eroberungskrieg militärisch äußerst erfolgreich fortsetzen, ebenso den Handelskrieg zur See. Der Reihenfolge nach wurden die neutralen Staaten Dänemark und Norwegen angegriffen und besetzt, dann ereilte die Niederlande, Belgien und Luxemburg dasselbe Schicksal. Und schließlich musste auch Frankreich im Juni 1940 vor der militärischen Überlegenheit der deutschen Wehrmacht kapitulieren, ein Großteil des Landes einschließlich Paris wurde von den Deutschen besetzt. Der Feldzug gegen Dänemark und Norwegen hing mit der Sicherung der Rohstoffversorgung Deutschlands aus Skandinavien – insbesondere schwedisches Eisenerz, das hauptsächlich über den in Nordnorwegen gelegenen Hafen Narvik verschifft wurde – zusammen. England wollte diesen Nachschub unterbrechen, notfalls auch, wenn es selber das neutrale Norwegen besetzen hätte müssen. Dänemark

---

7 Vgl. dazu Gilbert, Der Zweite Weltkrieg S. 31–34.

kam eigentlich nur aufgrund seiner geografischen Lage zum „Handkuss".

„Beide kriegsführenden Seiten hatten in ihren militärisch-politischen Plänen den Ländern der skandinavischen Halbinsel einen wichtigen Platz zugedacht. Die Herrschaft über diesen Raum brachte große strategische und wirtschaftliche Vorteile für die weitere Kriegsführung. Marine und Luftwaffe des Staates, der hier Kontrolle ausübte, verfügte über zusätzliche Stationierungsmöglichkeiten, die Industrie erhielt wichtige strategische Rohstoffe, insbesondere schwedisches Eisenerz und Holz. Für die deutschen Streitkräfte war Norwegen zudem auch als Flankenstellung gegenüber den Britischen Inseln interessant."[8]

Die deutschen Truppen fielen am 9. April 1940 ohne Kriegserklärung in Norwegen und Dänemark ein. Angesichts der Übermacht fasste Dänemark den Entschluss, auf militärischen Widerstand zu verzichten. In Norwegen gab es militärischen Widerstand und erst am 10. Juni erfolgte die norwegische Kapitulation. Zwischenzeitlich erhielt Norwegen Unterstützungstruppen der Westmächte, denen es auch beinahe gelungen wäre, Narvik zurückzuerobern. Diese Unterstützungstruppen wurden aber mit Beginn des deutschen Westfeldzuges abgezogen.[9]

Die deutsche Offensive im Westen startete am 10. Mai 1940 unter Verletzung der Neutralität der Beneluxstaaten. Ihr Beginn war von deutscher Seite bereits des Öfteren verschoben worden, der letzte Funken für ihren Ausbruch war dann wohl auch der oben erwähnte Wettlauf zwischen Großbritannien und Deutschland um Norwegen.

Die Niederlande kapitulierten bereits am 15. Mai. Einen Tag zuvor hatte die deutsche Luftwaffe, während bereits Kapitulationsverhandlungen liefen, noch die holländische Metropole Rotterdam schwer bombardiert, es gab fast 1000 Tote. Belgien unter König Leopold III. kapitulierte am 28. Mai und hatte zirka 7500 Tote und 15.500 Verwundete zu beklagen. Reichskommissar für die Niederlande wurde, nur nebenbei erwähnt, Arthur Seyß-Inquart, ehemaliger österreichischer Innenminister und nach dem Rücktritt Schuschniggs kurzzeitig sogar Bundeskanzler, der nach dem Krieg in den Nürnberger Prozessen zum Tode verurteilt wurde. Unter dem Eindruck der deutschen Kriegserfolge schwenkte das sich bis dahin neutral verhaltende Rumänien am 29. Mai auf die deutsche Seite über. Dies

---

8 Shilin, Shukow, Hg., Der zweite Weltkrieg, S. 65.
9 Vgl. dazu Shilin, Shukow, Hg., Der zweite Weltkrieg, S. 65–68.

sicherte den deutschen Zugriff auf die für die weitere Kriegsführung wichtigen rumänischen Ölfelder. Am 30. Mai teilte Mussolini Hitler seinen Entschluss mit, in den Krieg einzutreten.[10]

Frankreich vertraute hauptsächlich auf seine stark befestigte Maginot-Linie[11], die von den französischen Militärs für unüberwindbar gehalten wurde. Doch schafften es die Deutschen, diese Linie an ihren schwächeren Stellen, anfangs hauptsächlich an der Grenze zwischen Frankreich und Belgien, zu durchbrechen. Mit einem überraschenden Vorstoß gepanzerter deutscher Verbände durch die Ardennen und dem darauf folgenden Vorstoß über die Maas bis nach Abbeville und weiter bis zur französischen Kanalküste, die am 20. Mai erreicht wurde, gelang es den Deutschen, das britische Expeditionsheer vom Großteil der französischen Streitkräfte sowie von ihren eigenen Stützpunkten abzuschneiden. Hunderttausende Soldaten, hauptsächlich Briten, aber auch Franzosen und Belgier saßen in der Falle, rund um sie herum waren die Deutschen, und in ihrem Rücken hatten sie das Meer. Doch vorerst wurden die eingekeilten alliierten Truppen nicht von den Deutschen weiterverfolgt, da die deutschen Truppen ihr Hauptaugenmerk auf die französischen Einheiten, die sich Richtung Paris zurückzogen, richteten. Außerdem dachten die Deutschen, sie hätten lediglich um die100.000 Mann eingekesselt.[12]

Durch diese Schonfrist konnten dann die Alliierten einen Verteidigungsring um Dünkirchen errichten und sich auf eine Evakuierung über das Meer vorbereiten. Der Name dieses Evakuierungsunternehmens lautete „Operation Dynamo". Innerhalb von zehn Tagen wurden insgesamt 340.000 Soldaten evakuiert, darunter in etwa 110.000 bis 120.000 französische Soldaten. Alles in allem ein äußerst erfolgreiches Unternehmen, aber andererseits mussten die Briten ein beträchtliches militärisches Arsenal zurücklassen, welches den Deutschen in die Hände fiel, und es kamen auch 34.000 Briten und 40.000 Franzosen in und um Dünkirchen in deutsche Kriegsgefangenschaft. In Frankreich selbst standen neben dem Großteil der französischen Streitkräfte noch zirka 135.000 britische und 200.000 polnische Soldaten. Weiters kam es zu einer Unterstützung durch britische Luftstreitkräfte. Doch all dies konnte die Wehrmacht und die SS-Verbände

---

10 Vgl. dazu Hillgruber /Hümmelchen, Chronik des Zweiten Weltkrieges, S. 27–31.
11 Die Maginot-Linie war ein aus einer Reihe von Bunkern und Festungen bestehendes Verteidigungssystem entlang der französischen Grenze zu Belgien, Luxemburg und Deutschland.
12 Vgl. dazu Gilbert, Der Zweite Weltkrieg, S. 69–73.

nicht aufhalten. Am 5. Juni begann dann der Kampf um Paris. Und am 6. Juni durchbrachen die Deutschen an mehreren Stellen die französischen Verteidigungslinien.[13]

Am 10. Juni, als der Krieg gegen Frankreich bereits so gut wie gewonnen war, trat Italien aufseiten der Deutschen in den Krieg ein. Am 14. Juni rückte die Wehrmacht kampflos in Paris ein. Am 16. Juni unterbreitete Großbritannien der französischen Regierung, die sich mittlerweile in Bordeaux befand, das Angebot, eine Union mit einer einheitlichen Armee zwischen beiden Ländern zu bilden. Hauptzweck dieses Angebots war die Sicherung der französischen Flotte für England. Das französische Kabinett lehnte den Plan ab und trat zurück. Neuer Regierungschef wurde Marschall Pétain, der einstige Held von Verdun. In der folgenden Nacht gab es ein französisches Waffenstillstandsangebot an Deutschland und am 20. Juni auch an Italien. Am 17. Juni erreichten die ersten deutschen Verbände die Grenze zur Schweiz, damit war die Masse des noch vorhandenen französischen Heeres in der Maginot-Linie und in Lothringen eingeschlossen. Am 25. Juni trat eine Waffenruhe zwischen Frankreich einerseits und Deutschland und Italien andererseits in Kraft. Großbritannien reagierte darauf mit einer Blockade Europas vom Nordkap bis Spanien. Weiters erkannte die britische Regierung das von General de Gaulle in London gegründete „Nationalkomitee der Freien Franzosen" an. Anfang Juli begann die britische Marine mit Kaperungen und Zerstörungen von französischen Kriegsschiffen, was am 4. Juli zu einem Abbruch der diplomatischen Beziehungen zwischen der Regierung Pétain und Großbritannien führte.[14]

Aber auch die Sowjetunion und Italien waren auf Expansionskurs eingestellt. So hatte die Sowjetunion den Krieg im Westen ausgenutzt und von Mitte Juni bis Ende Juni einerseits die drei zum damaligen Zeitpunkt unabhängigen baltischen Staaten Lettland, Estland und Litauen besetzt und andererseits, nachdem es von Rumänien die Abtretung verlangt hatte, selbiges auch in Bessarabien und der Nordbukowina vollzogen. Und Italien unter Mussolini, der auf militärische Erfolge brannte, griff nach seinem Kriegseintritt zunächst britische Positionen im Mittelmeerraum und in Nord- und Ostafrika an. Jedoch ging nach gerin-

13 Vgl. Ebd., S. 83–86.
14 Vgl. dazu Hillgruber /Hümmelchen, Chronik des Zweiten Weltkrieges, S. 33–38.

gen italienischen Anfangserfolgen im Spätsommer 1940 in Britisch-Somaliland und Ägypten die Initiative verloren und die Gegenoffensiven von britischen und Commonwealth-Truppen führten zu einer verheerenden Niederlage in Ägypten. Letztendlich musste Hitler seinem Bündnispartner Anfang 1941 militärische Hilfe nach Nordafrika schicken, um Libyen zu verteidigen. Ebenso wenig erfolgreich griff Italien Ende Oktober 1940 Griechenland an, und es geriet bereits im November in die Defensive, sodass Deutschland auch hier eingreifen musste, während Großbritannien aufseiten der Griechen militärisch aktiv wurde.[15]

Das Deutsche Reich selbst stand im Sommer 1940 militärisch und politisch gesehen nun auf dem vorläufigen Zenit seiner Macht. Und auch Hitlers Popularität erreichte nach dem schnellen Sieg über Frankreich ihren Höhepunkt. Hitlers weiteres Bestreben war es, den Krieg mit Großbritannien so schnell wie möglich zu beenden, um sich dann militärisch der Sowjetunion zuwenden zu können, obwohl der Nichtangriffspakt noch bestand. Denn dort sollte seine Vorstellung vom „Lebensraum im Osten" für die arische Rasse verwirklicht werden, bei gleichzeitiger Versklavung, Ausbeutung und Vertreibung der autochthonen, großteils slawischen Bevölkerung und gezielter Vernichtung der jüdischen Bevölkerungsteile.[16]

Aber in Großbritannien war Anfang Mai ein neuer Premierminister an die Macht gekommen und dieser lehnte alle deutschen Verhandlungsangebote ab – sein Name war Winston Churchill. So begannen Mitte Juli 1940 die deutschen Planungen für eine Invasion Großbritanniens, unter dem Namen „Unternehmen Seelöwe". Um diese Invasion vorzubereiten, erhielt Göring den Auftrag, den britischen Luftraum unter Kontrolle zu bringen. Doch dies gelang nicht wirklich und so wurde eine erfolgreiche Invasion für unmöglich gehalten und deshalb auf das Frühjahr 1941 verschoben. Dafür fing aber die gegenseitige Bombardierung deutscher und britischer Städte an, wobei 1941 die Briten wesentlich stärker darunter zu leiden hatten. Ende September kam es in Berlin durch die Außenminister Japans, Deutschlands und Italiens zur Unterzeichnung des Dreimächtepakts. Ziel dieses Paktes war es unter anderem, den Kriegseintritt der USA zu verhindern, die sich zwar noch offiziell aus dem Krieg heraushielten, aber

---

15 Vgl. dazu Hillgruber/Hümmelchen, Chronik des Zweiten Weltkrieges, S. 33–35, 40f., 53.
16 Vgl. dazu Lüdeke, Alexander, Der Zweite Weltkrieg. Ursachen, Ausbruch, Verlauf, Folgen, Berlin 2007, S. 117.

Großbritannien bereits große Hilfen zukommen ließen. Dem Pakt schlossen sich Ende November Ungarn, Rumänien und die Slowakei an. Sogar der Sowjetunion wurde noch im November der Beitritt angeboten, er scheiterte aber angeblich an unannehmbaren Territorialforderungen seitens der Sowjets.[17]

Am 18. Dezember erteilte Hitler seinem militärischen Führungsstab dann folgende sogenannte „Weisung Nr. 21 Fall Barbarossa", mit der er die militärischen Vorbereitungen für einen Angriffskrieg gegen die Sowjetunion für das folgende Jahr befahl. Die Vorbereitungen dazu sollten bis Mitte Mai 1941 abgeschlossen sein.[18]

Und so sollte der Welt zum Jahreswechsel 1940/1941 das Schlimmste noch bevorstehen.

17 Vgl. dazu Harenberg, Bodo, Hg., Schlüsseldaten 20. Jahrhundert. Das Lexikon über unser Jahrhundert, Dortmund 1995, S. 334–338.
18 Vgl. dazu Hillgruber/Hümmelchen, Chronik des Zweiten Weltkrieges, S. 52–54.

Das Kriegsjahr 1941 unter besonderer Berücksichtigung des Überfalls auf die Sowjetunion

Das Kriegsjahr 1941 begann am 1. Jänner mit einer Offensive britischer Soldaten, unterstützt von Commonwealth-Truppen, gegen einen italienischen Stützpunkt an der libyschen Küste. Die Offensive verlief für die Briten äußerst erfolgreich, am 5. Jänner konnte der Stützpunkt eingenommen werden und fast 36.000 Italiener gingen in britische Kriegsgefangenschaft. Ebenfalls zu Jahresbeginn begannen die Briten mit der Stationierung weiterer Einheiten in Griechenland. Dies ermutigte die Griechen am 4. Jänner zu einer erfolgreichen Offensive gegen die Italiener in Albanien. Die Erfolge der Briten und Griechen veranlassten Hitler zur Herausgabe seiner Weisung Nr. 22 vom 11. Jänner, in der er formulierte, dass er Mussolini unterstützen müsse, um nicht ernste Probleme im Süden zu bekommen. Die Weisung führte in Folge zu einem direkten Konflikt zwischen Briten und Deutschen in der Mittelmeerregion. So war zum Beispiel Malta besonders stark von deutschen Luftangriffen betroffen, aber auch die britischen Konvois im Mittelmeer waren potenziell gefährdet. In etwa zur selben Zeit, am 13. Jänner, diskutierte Stalin mit seinen Generälen über die Möglichkeit eines Zweifrontenkrieges, gegen Deutschland im Westen und Japan im Osten. Darauf, erklärte er, müsse sich die Sowjetunion vorbereiten.[19] Zum damaligen Zeitpunkt konnte Stalin ja nicht wissen, dass Japan wenig Interesse an einem Einfall in den Fernen Osten der Sowjetunion zeigte.

Des Weiteren zeichnete sich im Jänner 1941 schön langsam ein Kriegseintritt der USA aufseiten der Briten ab, obwohl die Bevölkerung der USA größtenteils keine

---

19 Vgl. dazu Gilbert, Der Zweite Weltkrieg, S. 150 f.

Begeisterung für einen Kriegseintritt zeigte. Bereits am 6. Jänner hatte US-Präsident Roosevelt in seiner Rede zur Lage der Nation vor dem Kongress in Washington von den „vier Grundfreiheiten des Menschen"[20] gesprochen, ein politischer Akt, der sich eindeutig gegen Deutschland richtete. Ende Jänner begannen in Washington geheime britisch-amerikanische Generalstabsbesprechungen über eine gemeinsame Kriegsführung für den Fall eines amerikanischen Kriegseintritts.[21]

Wenige Tage zuvor, am 19. Jänner, war es zu einem Treffen zwischen Hitler und Mussolini auf Hitlers Berghof in Berchtesgaden gekommen. Hitler teilte Mussolini seinen Entschluss mit, über Bulgarien nach Griechenland vorzustoßen und aufgrund der für Italien kritischen Lage in Nordafrika einen deutschen Truppenverband nach Libyen zu entsenden. Damit war Mussolinis Streben nach einer gleichberechtigten Großmachtstellung neben dem Deutschen Reich gescheitert, eine große persönliche Niederlage für ihn. Statt der bisher abgesprochenen getrennten Kriegsführung des Deutschen Reichs nördlich und Italiens südlich der Alpen wurde nun ein gemeinsames Vorgehen auf dem Balkan und in Nordafrika beschlossen. Am 12. Februar übernahm der Generalleutnant Erwin Rommel das Kommando über die deutschen Truppen in Nordafrika, die in den folgenden Monaten große militärische Erfolge erzielen sollten. Der Angriff der deutschen Truppen auf Griechenland, aber auch auf Jugoslawien startete am 6. April 1941 unter dem Namen „Unternehmen Marita". Die jugoslawischen Streitkräfte kapitulierten am 17. April und die griechischen am 21. April. Über 200.000 Griechen und 20.000 Briten gerieten in Kriegsgefangenschaft. Die Briten zogen sich vom griechischen Festland auf die Insel Kreta zurück, welche erst am 1. Juni unter hohen Verlusten von den Deutschen in einer groß angelegten Luftlandeoperation erobert wurde. Bereits am 10. April wurde der unabhängige Staat Kroatien von der faschistischen Ustascha-Bewegung in Zagreb proklamiert, mit dem Wohlwollen Hitlers und Mussolinis. Hinter Hitlers Entscheidung, neben Griechenland auch Jugoslawien anzugreifen, standen folgende Geschehnisse: Seit Anfang des Jahres wurde Jugoslawien dazu gedrängt, dem Dreimächtepakt beizutreten. Damit wollte Hitler eine Sicherung der Südostflanke für den geplanten Angriff auf die Sowjetunion erreichen. Am 25. März stimmte die damalige jugoslawische

---

20 Neben Meinungsfreiheit, Redefreiheit und Religionsfreiheit waren dies weiters die Freiheit von Not und die Freiheit von Furcht; wurden bei Gründung der UNO 1946 in deren Menschenrechtscharta übernommen, siehe Anhang.
21 Vgl. dazu Hillgruber/Hümmelchen, Chronik des Zweiten Weltkrieges, S. 56–58.

Regierung dem Beitritt zu, wurde aber bereits zwei Tage später von antideutschen Offizieren gestürzt. Daraufhin beschloss Hitler die Zerschlagung Jugoslawiens. In Folge kam es zur Errichtung von deutschen und italienischen Besatzungszonen und der Abtretung von Teilgebieten an Ungarn und Bulgarien. Doch es regte sich rasch Widerstand gegen die Besatzer, am 10. Mai begann ein Aufstand der serbisch-nationalistischen Tschetniks und Anfang Juli beschloss auch die Kommunistische Partei Jugoslawiens unter Tito, den Besatzern bewaffneten Widerstand zu leisten.[22] Der Feldzug gegen Jugoslawien wurde auch intensiv von der Luftwaffe unterstützt, so wurde zum Beispiel Belgrad gleich zu Kriegsbeginn besonders stark bombardiert, fast die Hälfte der Häuser der Stadt wurden dabei zerstört oder beschädigt. Gestartet wurden diese Angriffe großteils von Flugplätzen in der Steiermark und Niederösterreich.[23]

Während der Krieg am Balkan tobte, wurde am 13. April in Moskau ein gegenseitiges Neutralitätsabkommen zwischen Japan und der Sowjetunion unterzeichnet. Japan sicherte sich mit diesem Abkommen gegen einen Eingriff der Sowjetunion im Fall eines Krieges in der Pazifikregion ab. Ob der Pakt mit Japan von sowjetischer Seite darauf abzielte, einen Zweifrontenkrieg im Falle eines deutschen Angriffs zu vermeiden, oder ob er der Versuch einer Annäherung an Deutschland war, ist bis heute umstritten.[24]

Was das Verhältnis der USA zu Japan betrifft, so schrieb der damalige Marineminister der USA, Frank Knox, bereits am 24. Jänner an einen Amtskollegen im Kriegsministerium, dass es im Falle eines Krieges mit Japan leicht möglich wäre, dass die Feindseligkeiten durch einen Überraschungsangriff auf den Marinestützpunkt Pearl Harbor eingeleitet werden könnten. Hier schlummere ein verheerendes Katastrophenpotenzial, warnte Knox.[25] Also war diese Schwachstelle schon mindestens über zehn Monate vor dem tatsächlichen Angriff der Japaner auf Pearl Harbor bekannt. Dem Konflikt zwischen den USA und Japan lagen die unterschiedlichen geostrategischen Interessen beider Staaten in der Pazifikregion zugrunde, insbesondere um China. Aber auch die britischen, französischen, amerikanischen und niederländischen Kolonialgebiete in Südostasien waren durch Japan bedroht. Ende Juni verhängten die USA ein Handelsembargo

---

22 Vgl. dazu Harenberg, Schlüsseldaten 20. Jahrhundert, S. 338–343.
23 Vgl. dazu Piekalkiewicz, Janusz, Luftkrieg, 1939–1945. Südwest Verlag, München 1978, S. 138.
24 Vgl. dazu Harenberg, Schlüsseldaten 20. Jahrhundert, S. 342 f.
25 Vgl. dazu Gilbert, Der Zweite Weltkrieg, S. 153.

über Japan und am 14. August wurde nach einem Treffen zwischen Churchill und Roosevelt die Atlantik-Charta verkündet. Inhalt der Charta waren die Grundsätze einer gemeinsamen Politik zwischen den USA und Großbritannien nach dem Krieg. Sie umfasste die Wiederherstellung der Souveränität entmachteter Staaten und die Selbstbestimmung, Sicherheit, Frieden und den freien Welthandel für alle Nationen.

Ziel der Charta war es außerdem, die britisch-amerikanische Geschlossenheit gegenüber den japanischen und deutschen Expansionsplänen zu demonstrieren. Darüber hinaus wurde auf der vorangegangenen Konferenz eine Steigerung derS-Waffenlieferungen an Großbritannien und die UdSSR vereinbart. Zwar gab es dann noch Verhandlungen zwischen den USA und Japan, als diese aber scheiterten, kam es in Japan Mitte Oktober zu einem Regierungswechsel. Der neue japanische Premierminister Hideki Tojo sprach sich für einen bewaffneten Konflikt mit den USA aus. Und so kam es schließlich am 7. Dezember 1941 zum japanischen Angriff auf Pearl Harbor. Die offizielle Kriegserklärung erfolgte erst am nächsten Tag. Am 11. Dezember erklärten dann auch Deutschland und Italien den Vereinigten Staaten den Krieg.[26] Somit hatte der Krieg endgültig eine globale Dimension erreicht und er sollte in den kommenden Jahren noch Millionen Menschenleben fordern und noch viele Millionen Existenzen zerstören.

Aber zurück zum europäischen Kriegsschauplatz: Der Feldzug gegen die Sowjetunion wurde wegen des deutschen Engagements auf dem Balkan um gut vier Wochen verschoben. Doch in der Früh des 22. Juni 1941 war es dann so weit.

„Das Datum 22. Juni 1941 wird für immer im Gedächtnis des Sowjetvolkes bleiben. Wortbrüchig verletzte Hitlerdeutschland den Nichtangriffspakt und versetzte im Morgengrauen an jenem Sonntag überraschend und ohne Kriegserklärung der Sowjetunion einen Schlag von ungeheurer Wucht. Noch vor Tagesanbruch zogen Geschwader faschistischer Flugzeuge nach Osten und bombardierten Flugplätze, Eisenbahnknotenpunkte und Konzentrationsräume sowjetischer Truppen. [...] Starke Stoßgruppierungen des faschistischen Heeres gingen in breiter Front von der Ostsee bis zu den Karpaten zum Angriff vor. Gleichzeitig begannen südlich der Kar-

---

26 Vgl. dazu Harenberg, Schlüsseldaten 20. Jahrhundert, S. 342–346.

paten entlang der sowjetisch-rumänischen Grenze Kämpfe. Zusammen mit dem faschistischen Deutschland traten Italien und Rumänien, einige Tage darauf Ungarn, Finnland und die Slowakei in den Krieg gegen die UdSSR ein."[27]

Trotz vieler Hinweise auf den deutschen Angriff war die Rote Armee nicht auf diese bisher größte militärische Offensive der Weltgeschichte mit gut 3,2 Millionen deutschen Soldaten eingestellt. Hinzu kamen noch 600.000 Soldaten aus den verbündeten Staaten Ungarn, Rumänien, Finnland, Slowakei und Italien.[28] Die einzelnen deutschen Armeen wurden in drei Heeresgruppen gegliedert, in die Heeresgruppen Nord, Mitte und Süd. Die Heeresgruppe Nord sollte die baltischen Staaten erobern und dann nach Leningrad vorstoßen. Auf der Heeresgruppe Mitte lag die Hauptlast. Sie sollte bis nach Moskau vorrücken und hatte damit die längsten Nachschubwege zu sichern. Die Heeresgruppe Süd sollte die Ukraine erobern.[29]

Schon in den ersten Kriegstagen wurde deutlich, dass dieser Krieg mehr war als der Kampf zwischen den Streitkräften zweier Länder. So wurde zum Beispiel, als eine Wehrmachtseinheit ein Grenzdorf namens Slotschi einnahm, das Dorf niedergebrannt und die gesamte Bevölkerung ermordet. Als am 25. Juni General Lemelsen, der das III. Panzerkorps befehligte, seine Offiziere wegen des „sinnlosen Erschießens von Kriegsgefangenen und Zivilisten" in den Tagen zuvor tadelte, wurden seine Vorwürfe einfach ignoriert. Einige Tage später wurde er noch deutlicher: „Die deutsche Wehrmacht führt Krieg gegen den Bolschewismus, nicht gegen die sowjetischen Völker." Doch andererseits stand General Lemelsen auch hinter Hitlers Befehl, dass politische Kommissare und Partisanen erschossen werden müssten. Nur auf diese Weise, so erklärte er, könne das russische Volk „von der jüdischen Verbrecher- und Unterdrückerbande" befreit werden.[30] Und während so der Terror auch gegen die Zivilbevölkerung seinen Lauf nahm, musste die Rote Armee vorerst auf dem Schlachtfeld eine Niederlage nach der anderen hinnehmen, während die Deutschen rasch vorrückten. Es sah fast so aus, als ob auch hier die deutsche Blitzkriegtaktik wieder Erfolg haben sollte. Allein in den ersten drei Kriegsmonaten wurden große Landstriche überrannt und Millionen von sowjetischen Soldaten starben, wurden verwundet, galten als

27 Shilin, Shukow, Hg., Der zweite Weltkrieg, S. 148.
28 Vgl. dazu Lüdeke, Der Zweite Weltkrieg, S. 118.
29 Vgl. dazu Hillgruber/Hümmelchen, Chronik des Zweiten Weltkrieges, S. 78 f.
30 Vgl. dazu Gilbert, Der Zweite Weltkrieg, S. 198 f.

vermisst oder kamen in deutsche Kriegsgefangenschaft.

Am 9. Juli endete die erste große Kesselschlacht des Krieges bei Białystok und Minsk mit einer vernichtendensowjetischen Niederlage, rund 320.000 sowjetische Soldaten gingen in Kriegsgefangenschaft. Der Vorstoß der Heeresgruppe Mitte Richtung Moskau konnte fortgesetzt werden, in weiterer Folge kam es zur Kesselschlacht bei Smolensk, das am 17. Juli erobert wurde. Als Reaktion auf das rasche deutsche Vordringen wurde am 12. Juli ein Beistandspakt zwischen Großbritannien und der Sowjetunion abgeschlossen. Im August wurden im Kessel von Smolensk bedeutende Truppenverbände der Roten Armee eingeschlossen. Doch am 30. August startete eine erste erfolgreiche sowjetische Offensive bei Jelnja südöstlich von Smolensk, die die deutschen Truppen erstmals zurückdrängte, dennoch endete die „Smolensker Operation" für die Rote Armee am 10. September mit einer weiteren schweren Niederlage. Insgesamt verlor sie in dieser Operation von 10. Juli bis zum 10. September 1941 rund 760.000 Mann durch Tod, Verwundung und Kriegsgefangenschaft. Allerdings hatte der Widerstand bei Smolensk den deutschen Vormarsch entscheidend verzögert, das deutsche Konzept des Blitzkriegs erlitt einen ersten Rückschlag.

Bereits am 8. August konnten die Deutschen eine weitere Kesselschlacht für sich entscheiden, die Kesselschlacht bei Uman in der Ukraine; über 100.000 sowjetische Soldaten gingen in Kriegsgefangenschaft. An dieser Stelle möchte ich anmerken, dass die Rote Armee neben den zahlreichen Soldaten auch große Mengen an Kriegsgerät verlor. So meldete zum Beispiel das Oberkommando der Wehrmacht am 9. Juli, nach den Siegen bei Białystok und Minsk, mehr als 320.000 Gefangene, über 3100 erbeutete Geschütze und 3332 zerstörte sowjetische Panzer. Doch gab es im August 1941 auch gute Nachrichten für die Sowjetunion. Am 2. August begannen amerikanische Materiallieferungen an die Sowjetunion und der als Korrespondent der „Frankfurter Zeitung" in Tokio getarnte sowjetische Agent, der in Baku geborene Russland-Deutsche Richard Sorge[31], funkte nach Moskau, dass der japanische Kronrat beschlossen habe, die Sowjetunion nicht anzugreifen. Dadurch wurden die Truppen der sowjetischen Fernostarmee in Sibirien für die Verteidigung im Westen, insbesondere von Moskau, frei.[32]

---

31 Sorge informierte Stalin auch über den drohenden Angriff der Wehrmacht mit genauen Informationen, diese wurden jedoch als Fehlinformationen ignoriert.
32 Vgl. dazu http://20min-blog.ch/infografik/2weltkrieg/timeline/1941/, Blog des Schweizer Newsportals 20 Minuten Online über den Zweiten Weltkrieg, aufgerufen am 7. 1. 2012.

Innerhalb der deutschen Wehrmacht kam es Ende Juli zum Streit zwischen Hitler und dem Generalstab des Heeres. Während die Militärs für einen raschen Vormarsch der Heeresgruppe Mitte von Smolensk auf Moskau plädierten, wollte Hitler die Prioritäten bei den Heeresgruppen Nord und Süd setzen, einerseits, um den Ostseezugang nach St. Petersburg zu blockieren und andererseits, um sich die wirtschaftlich bedeutsamen Gebiete in der Ukraine und die kaukasischen Bodenschätze zu sichern. Letztendlich setzte sich Hitler durch und Truppen der Heeresgruppe Mitte wurden abgezogen.[33]

Bevor an diesem Punkt der militärische Kriegsverlauf fortgesetzt wird, sollen noch einige Beispiele für die brutale Willkürherrschaft der Deutschen gegenüber der Zivilbevölkerung, insbesondere der jüdischen, aufgezeigt werden. So kauften etwa am 13. August drei Juden einem litauischen Bauern in Kaunas einige Kilo Kartoffeln ab. Diese Verzweiflungstat wurde von den Deutschen bestraft, indem sie willkürlich 28 Juden zusammentrieben und erschossen. Am 15. August begann in der Kleinstadt Rokiškis in der Nähe der litauisch-lettischen Grenze ein zwei Tage dauerndes Verbrechen, dem laut dem dort operierenden deutschen Einsatzkommando 3200 Juden sowie einige Kommunisten und Partisanen zum Opfer fielen. In einem Nahe der sowjetisch-deutschen Grenze liegenden Ort namens Stawiski wurden an einem Tag 600 Juden erschossen. Zur selben Zeit gab Hinrich Lohse, der höchste Verwaltungschef der Zivilverwaltung im Reichskommissariat Ostland[34], in Minsk einen für das gesamte von Deutschland besetzte sowjetische Gebiet gültigen Erlass heraus, der alle Juden verpflichtete, zwei gelbe Abzeichen zu tragen, eines auf dem Rücken und eines auf der Brust. Und es wurde den Juden untersagt, auf dem Bürgersteig zu gehen, öffentliche Verkehrsmittel zu benutzen und Theater, Kinos, Büchereien und Museen zu besuchen. Weiters mussten sich alle arbeitsfähigen Juden zu Arbeitskommandos melden, die beim Straßen- und Brückenbau oder bei der Beseitigung von Kriegsschäden eingesetzt wurden. Einen vorläufigen Höhepunkt erreichte der Terror gegen die Juden Ende August, als innerhalb von wenigen Tagen über 23.000 Juden in der westlichen Ukraine nahe der Stadt Kamenez-Podolski ermordet wurden, ein klarer Massenmord. Ein Großteil dieser Juden war erst kurz zuvor auf Geheiß der ungarischen Regierung aus Ungarn deportiert worden und die ungarische Regierung wollte

---

33 Vgl. dazu Harenberg, Schlüsseldaten 20. Jahrhundert, S. 345.
34 Das Reichskommissariat Ostland entstand nach dem Angriff der Wehrmacht auf die Sowjetunion im Baltikum und Teilen Weißrusslands.

sie auch nicht zurücknehmen, die restlichen Juden kamen aus der Umgebung. Der SS- und Polizeiführer Friedrich Jeckeln sicherte daraufhin der deutschen Zivilverwaltung zu, „die Liquidierung dieser Juden bis zum 1. September abzuschließen". Und er hielt sein grausames Wort, bereits am 29. August lebte keiner der betreffenden Juden mehr.[35]

Anfang September standen Einheiten der Heeresgruppe Nord kurz vor Leningrad. Am 8. September begann die Blockade Leningrads. Sie dauerte rund 900 Tage bis zum Jänner 1944, in dieser Zeit starben über eine Million Menschen in der Stadt, deren Bevölkerung von den deutschen Truppen auf Befehl Hitlers systematisch ausgehungert werden sollte –auch eine Art, um ein Kriegsverbrechen zu begehen. Vereinzelt kam es zu Fällen von Kannibalismus unter den hungernden Zivilisten. Erst ab dem 20. November konnte über den zugefrorenen Ladogasee im Norden der Stadt die sogenannte „Straße des Lebens" eröffnet werden, über die die Rote Armee bis in den Frühling 1942 Nachschub in die Stadt bringen konnte, und über die auch Verwundete und Zivilisten aus der Stadt evakuiert werden konnten. Da diese Nachschublinie auch des Öfteren unter feindlichem Feuer lag, wurde sie auch als „Straße des Todes" bekannt. Seit Mitte August tobte auch die Schlacht um Kiew, die Hauptstadt der Ukraine. Auch hier sollten die deutschen Truppen militärisch erfolgreich bleiben. Am 19. September wurde Kiew eingenommen, eine darauffolgende Kesselschlacht östlich von Kiew endete am 26. September mit ungeheuren Verlusten der Roten Armee. In der Schlacht um Kiew gingen über 650.000 sowjetische Soldaten in Kriegsgefangenschaft, das sind mehr Menschen als Graz, Linz und Salzburg zusammengezählt an Einwohnern haben. Unterstützt wurde die Heeresgruppe Süd von Einheiten, die auf Befehl von Hitler im August von der Heeresgruppe Mitte abgezogen worden waren.[36]

Rund um die Schlacht und Eroberung von Kiew kam es zu dem bis dahin größten Massenmord an Juden. Die Mordbilanz, die die Einheitskommandos von Sicherheitsdienst und SS im September zogen, übertraf alle bisherigen Berichte. Laut der Ereignismeldung Nr. 101 vom 2. Oktober wurden Ende September in einem zweitägigen Massaker in der Schlucht von Babi Jar bei Kiew über 33.000

---

35 Vgl. dazu Gilbert, Der Zweite Weltkrieg, S. 221 und 225.
36 Vgl. dazu http://20min-blog.ch/infografik/2weltkrieg/timeline/1941/, aufgerufen am 7. 1. 2012.

Juden ermordet und über 35.000 weitere „Juden und Kommunisten" wurden in den beiden Küstenstädten Nikolajew und Cherson am Schwarzen Meer massakriert. Und als der Bürgermeister von Krementschuk die Taufe von einigen Hundert Juden anordnete, um sie vor ihrer Ermordung zu bewahren, wurde er von den Deutschen verhaftet und erschossen.[37]

Die Behandlung der Zivilbevölkerung führte dann dazu, dass sich immer mehr Menschen den Partisanen anschlossen, und dass auch immer mehr Leute, obwohl ihnen der Tod drohte, diese Partisanen- und Widerstandsgruppen unterstützten. In fast allen von den Deutschen besetzten Gebieten bildeten sich diese Gruppen im Verlauf des Krieges. Der bewaffnete Partisanenkrieg war besonders stark am Balkan und in der Sowjetunion ausgeprägt. In den von den Deutschen 1941 besetzten sowjetischen Gebieten soll es zum Jahresende über 60.000 Partisanen gegeben haben. Die Partisanen setzten sich aus allen Schichten zusammen und teilweise reihten sich in einzelnen Partisanenabteilungen Soldaten und Offiziere von eingekreisten oder bereits zerschlagenen Truppenteilen ein, deren militärisches Know-how natürlich die Schlagkraft der Partisanen erhöhte.[38]

Nach den deutschen Siegen in der Ukraine trat die Heeresgruppe Mitte Anfang Oktober im Raum östlich von Smolensk erneut zur Offensive über, mit dem Ziel Moskau, die Operation erhielt den Namen „Taifun". Am 3. Oktober erklärte Hitler, dass die Sowjetunion geschlagen sei und „sich nie mehr erheben" werde, und am 7. Oktober verbot er siegessicher die Annahme einer Kapitulation Moskaus. In etwa auf halbem Weg zwischen Smolensk und Moskau kam es zu zwei weiteren Kesselschlachten, bei Wjasma und Brjansk, die am 20. Oktober endeten. Wieder blieben die Deutschen siegreich und wieder gingen über 650.000 sowjetische Soldaten in Kriegsgefangenschaft. Das Tor bis nach Moskau schien nun weit aufgestoßen. Doch Ende Oktober behinderten Schneeregen und schlammiger Boden den Vormarsch der deutschen Truppen massiv. Die Sowjetunion bekam eine kurze Verschnaufpause für die Reorganisation der Verteidigung von Moskau. Erst Mitte November mit dem Einsetzen von Bodenfrost konnte die Offensive wieder aufgenommen werden, doch hatten die deutschen Soldaten keine Winterausrüstung, was in Folge zum Scheitern ihrer Offensive beitrug.[39]

---

37 Vgl. dazu Gilbert, Der Zweite Weltkrieg, S. 237.
38 Vgl. dazu Shilin, Shukow, Hg., Der zweite Weltkrieg, S. 171–173.
39 Vgl. dazu DER GROSSE PLOETZ. Die Daten-Enzyklopädie der Weltgeschichte, 33. Auflage, Köln 1998, S. 768.

Bis Ende November beliefen sich die Verluste der Deutschen seit Kriegsbeginn im Juni auf etwas über 160.000 Tote, über 570.000 Verwundete und zirka 33.000 Vermisste. Am 1. Dezember meldete der Oberbefehlshaber der Heeresgruppe Mitte, Generalfeldmarschall von Bock, dass nur noch kleinere örtliche Erfolge zu erreichen seien. Der Zeitpunkt ist „sehr nahe gerückt, an dem die Kraft der Truppe völlig erschöpft ist".[40] Und er sollte recht behalten, auch wenn er wenig später für seine Aussagen beurlaubt wurde.

Doch bevor an dieser Stelle mit der Schlacht um Moskau fortgesetzt wird, soll noch ein Überblick über einige andere Kriegsschauplätze im Jahr 1941 gegeben werden. Nämlich erstens über den Seekrieg im Atlantik, zweitens über den Luftkrieg zwischen Großbritannien und Deutschland und drittens den Kriegsschauplatz in Nordafrika. Auch die japanischen Vorstöße im Dezember 1941 sollen Erwähnung finden.

In den ersten sechs Monaten des Jahres 1941 versenkten deutsche U-Boote im Atlantik 271 alliierte Handelsschiffe mit einer Ladekapazität von fast 1,5 Millionen Bruttoregistertonnen. In der zweiten Jahreshälfte waren es „nur" 174 Schiffe mit etwas über 700.000 Bruttoregistertonnen. Was eventuell damit zu erklären ist, dass es den Briten im Juni gelungen war, den Enigma-Code zu entschlüsseln. Durch diese Entzifferung des deutschen Funkverkehrs war es möglich, Geleitzüge um die Positionen deutscher U-Boote herumzudirigieren, was zu einer vorläufigen Wende im Handelskrieg zur See führte. Erst Anfang 1942 wurde der deutsche Code geändert und es dauerte dann gut zehn Monate, um ihn erneut zu knacken.[41] Der Luftkrieg zwischen Großbritannien und Deutschland herrschte ja bereits seit dem Sommer 1940, allgemein kann dazu gesagt werden, dass in den ersten Kriegsjahren die Städte Großbritanniens und deren Zivilbevölkerung wesentlich stärker in Mitleidenschaft gezogen wurden, als dies in Deutschland der Fall war, was sich im Verlauf des Krieges dann aber änderte. Aber allein in den ersten fünf Monaten des Jahres 1941 lagen die britischen Verlustzahlen durch deutsche Luftangriffe bei 18.300 Toten und fast 20.000 Verwundeten, des Weiteren waren viele Häuser nach den Angriffen unbewohnbar und auch Industrieanlagen waren betroffen.[42] Seit Beginn der erfolgreichen britischen Gegenoffen-

---

40 Vgl. dazu Hillgruber/Hümmelchen, Chronik des Zweiten Weltkrieges, S. 107.
41 Vgl. dazu Hillgruber/Hümmelchen, Chronik des Zweiten Weltkrieges, S. 56, 58, 60, 65, 71, 76, 83, 89, 93, 99, 101 und 108.
42 Vgl. dazu ebd., S. 56, 58, 60, 65 und 71.

sive in Nordafrika im Dezember 1940 bis Anfang Februar 1941, zum Zeitpunkt des Eintreffens der ersten deutschen Truppen, waren 140.000 italienische Soldaten in britische Kriegsgefangenschaft geraten. Ende März wurde unter General Rommel eine Gegenoffensive gestartet, gegen den Willen der Italiener, die für ein defensives Vorgehen waren. Den Deutschen gelang es, die Briten aus Libyen zu vertreiben, aber die Offensive stockte dann Mitte April an der ägyptisch-libyschen Grenze. Einerseits, weil es den Deutschen nicht gelang, die strategisch wichtige Festung Tobruk zu erobern, und andererseits, weil sie mit Nachschub-problemen zu kämpfen hatten. So kam es zu einem Stellungskrieg um das libysche Tobruk und den ägyptischen Grenzort Sollum. Im November begannen britische Truppen mit Gegenangriffen im Rahmen der „Operation Crusader", deren Ziel die Entlastung der Festung Tobruk war. Nachdem diese Angriffe misslungen waren, setzten britische Truppen am 18. November 1941 zu einem zweiten Stoß an, der die Pattsituation beendete. Der britische Großangriff warf das deutsche Afrikakorps bis Ende des Jahres 1941 auf seine Ausgangsstellung am Westrand der Cyrenaika zurück.[43]

Nachdem der Krieg zwischen den USA und Japan sich Ende 1941 ja bereits ange-kündigt hatte, entschied sich der japanische Kronrat am 1. Dezember endgültig für einen Krieg gegen die USA, Großbritannien und die Niederlande. Und nach dem Angriff auf Pearl Harbor am 7. Dezember ging die japanische Expansion im südostasiatischen und pazifischen Raum bereits im Dezember mit hohem Tempo voran. Schon am 8. Dezember drangen japanische Truppen in den Norden von Britisch-Malaysia ein und starteten ihren Vormarsch Richtung Süden nach Singapur. Andere japanische Kräfte landeten auf Luzon, der nördlichen Hauptinsel der Philippinen, und am 22. Dezember auf der südlichen Hauptinsel Mindanao. Im Pazifik wurden die strategisch wichtigen Inseln Guam und Wake erobert. Am 27. Dezember musste die britische Kronkolonie Hongkong vor den Japanern kapitulieren. Die japanische Expansion ging dann Anfang 1942 rasch weiter. So landeten die Japaner im Jänner auf einigen Inseln des heutigen In-donesiens, damals großteils niederländisches Kolonialgebiet. Von Thailand aus begann die Offensive zur Eroberung Burmas. Ende Jänner landeten japanische Truppen auf Neuguinea, wodurch sich Australien so stark bedroht fühlte, dass es

---

43 Vgl. dazu DER GROSSE PLOETZ, S. 763 f.

eine totale Mobilmachung anordnete. Mitte Februar fiel die von den Briten für uneinnehmbar gehaltene Festung Singapur in die Hände der Japaner und rund 70.000 britische, australische und indische Soldaten gerieten in Kriegsgefangenschaft.[44]

Doch wenden wir uns wieder dem Hauptkriegsschauplatz in der Sowjetunion im Dezember 1941 zu. Wie bereits erwähnt, war die deutsche Offensive auf Moskau Anfang Dezember zum Stehen gekommen, unter anderem weil die deutschen Truppen völlig unzureichend auf einen Winterkrieg vorbereitet waren, aber auch weil der Widerstand der Roten Armee trotz der vorangegangenen militärischen Siege nicht gebrochen werden konnte. Am 5. Dezember startete eine sowjetische Gegenoffensive an der sogenannten „Kalininfront" nordwestlich von Moskau, am 6. Dezember begann die sowjetische Gegenoffensive vor Moskau unter dem Kommando von General Georgi Schukow mit frischen, gut für den Winter ausgerüsteten Truppen, die zuvor aus Sibirien und Zentralasien abgezogen worden waren. Am selben Tag erklärte Großbritannien Ungarn, Rumänien und Finnland den Krieg. Am 8. Dezember befahl Hitler in einer Weisung den Übergang des Ostheeres „zur Verteidigung in kräftesparenden Fronten". Mitte Dezember 1941 war dann die Gefahr einer Einkesselung Moskaus gebannt.[45]

Damit waren die Blitzkriegstrategie und das „Unternehmen Barbarossa" als gescheitert anzusehen, das deutsche Ostheer war insgesamt gesehen in der Sowjetunion in eine schwere Krise geraten. Der Roten Armee war es somit erfolgreich gelungen, den Vormarsch der Deutschen zu stoppen. Doch der Preis dafür war sehr hoch. Insgesamt gingen im Verlauf des Jahres 1941 über 3,3 Millionen sowjetische Soldaten in deutsche Kriegsgefangenschaft, im weiteren Verlauf des Krieges nochmals 2,4 Millionen. Dazu kam noch eine hohe Zahl an Toten und Verwundeten. Von den Kriegsgefangenen sollten über 2,5 Millionen die Gefangenschaft nicht überleben. Des Weiteren wurden im Jahr 1941 von den Einsatzgruppen der SS und des Sicherheitsdienstes über eine halbe Million Menschen in den besetzten Sowjetgebieten ermordet. Doch trotz dieser sehr hohen Verlustzahlen konnte die zahlenmäßige Überlegenheit der Roten Armee nicht gebrochen werden. So schätzte selbst der deutsche Heeresgeneralstab die Stärke der Roten Armee im Dezember höher ein als zu Kriegsbeginn im Juni.[46] Zum Ver-

---

44 Vgl. dazu DER GROSSE PLOETZ., S. 770 und 777.
45 Vgl. dazu Hillgruber/Hümmelchen, Chronik des Zweiten Weltkrieges, S. 108–111.
46 Vgl. dazu DER GROSSE PLOETZ., S. 768.

gleich: Das deutsche Ostheer verlor von Juni bis Ende Dezember in etwa 830.000 Mann, was 25 Prozent der Anfangsstärke des Ostheeres entspricht. Auch eine größere Anzahl an Kriegsgerät ging nach dem Start der sowjetischen Offensiven im Dezember verloren. Und auch die Verluste der deutschen Luftwaffe während des Sowjetunionfeldzugs 1941 waren beträchtlich. So gingen über 2000 Flugzeuge verloren, gut 1500 wurden beschädigt.[47]

Zum Schluss dieses Aufsatzes soll nun noch auf das globale Bündnissystem hingewiesen werden, das sich durch die vorangegangenen Kriegsereignisse bis zum Jahresende 1941 ergeben hatte. Durch das Zusammenwachsen des europäischen und des südostasiatischen Kriegsschauplatzes war es zwar zweifellos zu einem Weltkrieg mit globalem Charakter gekommen, es standen sich aber nicht zwei geschlossene Mächtegruppen gegenüber. Die Sowjetunion hatte im Dezember nach dem japanischen Überfall auf Pearl Harbor die Gültigkeit des sowjetisch-japanischen Neutralitätsvertrages vom April des Jahres bestätigt. Somit bezog sich die Anti-Hitler-Koalition zwischen den USA, der Sowjetunion und Großbritannien nur auf den europäischen Kriegsschauplatz. Folglich kämpften die USA und Großbritannien im Pazifik ohne die Sowjetunion gegen Japan. Das heißt, diese beiden Mächte führten einen Krieg in zwei Ozeanen mit gewaltigem räumlichen Ausmaß, während die Sowjetunion „nur" an einer großen Landfront kämpfte, dort allerdings um ihre Existenz.[48]

---

47 Vgl. dazu Hillgruber/Hümmelchen, Chronik des Zweiten Weltkrieges, S. 108 und 113.
48 Vgl. dazu DER GROSSE PLOETZ., S. 771.

Bibliographie

Literatur:

DER GROSSE PLOETZ. Die Daten-Enzyklopädie der Weltgeschichte, 33. Auflage, Köln 1998.

Gilbert, Martin, Der Zweite Weltkrieg. Eine chronologische Gesamtdarstellung, München 1991.

Gorodetsky, Gabriel, Die Große Täuschung. Hitler, Stalin und das Unternehmen „Barbarossa", Berlin 2001.

Harenberg, Bodo, Hg., Schlüsseldaten 20. Jahrhundert. Das Lexikon über unser Jahrhundert, Dortmund 1995.

Hillgruber, Andreas/Hümmelchen, Gerhard, Chronik des Zweiten Weltkrieges. Kalendarium militärischer und politischer Ereignisse 1939–1945, Düsseldorf 1978.

Lüdeke, Alexander, Der Zweite Weltkrieg. Ursachen, Ausbruch, Verlauf, Folgen, Berlin 2007.

Piekalkiewicz, Janusz, Luftkrieg, 1939–1945. Südwest Verlag, München 1978.

Shilin, P. A., Shukow, E. M., Hg., Der zweite Weltkrieg. 1939-1945 Kurze Geschichte, Berlin 1985.

Internetquellen:

http://www.bpb.de/themen/PTYTHH,2,0,Der_zweite_Weltkrieg.html, Homepage der Bundeszentrale für politische Bildung.

http://20min-blog.ch/infografik/2weltkrieg/timeline/1941/, Blog des Schweizer Newsportals 20 Minuten Online über den Zweiten Weltkrieg.

Anhang

Zu den vier Grundfreiheiten.

„In künftigen Tagen, um deren Sicherheit wir uns bemühen, sehen wir freudig einer Welt entgegen, die gegründet ist auf vier wesentliche Freiheiten des Menschen.

Die erste dieser Freiheiten ist die der Rede und des Ausdrucks – überall auf der Welt.

Die zweite dieser Freiheiten ist die jeder Person, Gott auf ihre Weise zu verehren – überall auf der Welt.

Die dritte dieser Freiheiten ist die Freiheit von Not. Das bedeutet, weltweit gesehen, wirtschaftliche Verständigung, die jeder Nation gesunde Friedensverhältnisse für ihre Einwohner gewährt – überall auf der Welt.

Die vierte Freiheit aber ist die von Furcht. Das bedeutet, weltweit gesehen, eine globale Abrüstung, so gründlich und so lange durchgeführt, bis kein Staat mehr in der Lage ist, seinen Nachbarn mit Waffengewalt anzugreifen – überall auf der Welt."

WIDERSTAND IN SALZBURG
1941

Bund Sozialdemokratischer FreiheitskämpferInnen Salzburg
Renner-Institut Salzburg